O professor
e a dislexia

Volume 8
Coleção *Educação & Saúde*

Dados Internacionais de Catalogação na Publicação (CIP)
(Câmara Brasileira do Livro, SP, Brasil)

Muszkat, Mauro
O professor e a dislexia / Mauro Muszkat, Sueli Rizzutti. — São Paulo : Cortez, 2012. — (Coleção educação & saúde ; v. 8)

ISBN 978-85-249-1916-9

1. Dislexia 2. Distúrbios da aprendizagem 3. Escrita 4. Interação professor-aluno 5. Leitura 6. Psicologia da aprendizagem 7. Professores - Formação I. Ruzzutti, Sueli. II. Título. III. Série.

12-05199　　　　　　　　　　　　　　　　　　　　　CDD-370.1523

Índices para catálogo sistemático:

1. Escrita : Aprendizagem : Psicologia educacional   370.1523
2. Leitura : Aprendizagem : Psicologia educacional   370.1523

Mauro Muszkat • Sueli Rizzutti

O professor e a dislexia

1ª edição
2ª reimpressão

O PROFESSOR E A DISLEXIA
Mauro Muszkat • Sueli Rizzutti

Capa: aeroestúdio
Preparação de originais: Ana Paula Luccisano
Revisão: Ana Carolina Pinheiro Nitto
Composição: Linea Editora Ltda.
Coordenação editorial: Danilo A. Q. Morales

Nenhuma parte desta obra pode ser reproduzida ou duplicada sem autorização expressa dos autores e do editor.

© 2012 by Autores

Direitos para esta edição
CORTEZ EDITORA
Rua Monte Alegre, 1074 – Perdizes
05014-001 – São Paulo – SP
Tel.: (11) 3864-0111   Fax: (11) 3864-4290
e-mail: cortez@cortezeditora.com.br
www.cortezeditora.com.br

Impresso na Índia — março de 2018

Sumário

Apresentação da Coleção 7
Introdução 11

1. Conceitos 13
2. As origens da escrita e leitura 17
   Escrita silábica 21
   Maturação e linguagem 24
3. Linguagem 27
   Desenvolvimento ontogenético 28
   Prosódia 31
   Linguagem escrita e leitura 32
   Bases históricas da dislexia 37
   Contexto clínico 38
4. Subtipos de dislexia 43
   Neurobiologia 48
   Achados neurofisiológicos 53

Diagnóstico 53
Avaliação da leitura e escrita alfabética 55

5. **Fluxograma, unidades de processamento, vias e rotas** 63
   Especialização hemisférica 67
   Dislexia e alfabetização 68
   Intervenções 72
   Terapia do processamento ortográfico 76

Conclusão 79

Dicas para pais e professores 85

Anexo 97

Referências bibliográficas 99

Apresentação da Coleção

A Coleção Educação e Saúde tem por objetivo estabelecer diálogo entre pesquisadores do Programa de Pós-Graduação Educação e Saúde na Infância e na Adolescência, da Universidade Federal de São Paulo, e educadores e professores que atuam com crianças e adolescentes no âmbito da educação básica.

O conjunto de títulos que o leitor encontra nesta Coleção reúne investigadores cujas pesquisas e publicações abrangem de forma variada os temas infância e adolescência e que trazem, portanto, experiência acadêmica relacionada a questões que tocam direta e indiretamente o cotidiano das instituições educacionais, escolares e não escolares.

O diálogo entre os campos da Educação e Saúde tornou-se necessário à medida que os desafios educacionais presentes têm exigido cada vez mais o recurso da abordagem interdisciplinar, abordagem essa necessária para oferecer alternativas às tendências que segregam os chamados problemas de aprendizagem em explicações monolíticas.

A educação dos educadores exige esforços integradores e complementares para que a integridade física, social, emocional e intelectual de crianças e adolescentes com os quais lidamos diariamente não permaneça sendo abordada com reducionismos. Percebemos com frequência a circulação de diagnósticos que reduzem os chamados problemas educacionais a um processo de escolha única, sem alternativas integradoras.

Em relação aos chamados problemas educacionais, na maioria das vezes as opções formativas ou são devedoras de argumentos clínicos ou são devedoras de argumentos socioeconômicos, mas predominantemente esses universos são apresentados como realidades que não devem se comunicar, tornando a opção por um a imediata exclusão do outro.

As desvantagens pessoais e sociais de crianças e adolescentes estão diariamente desafiando professores e educadores em geral. Abordar de forma objetiva e integrada o complexo tema dos chamados problemas físicos, emocionais, intelectuais e sociais que manifestamente interferem na vida escolar de crianças e adolescentes é o desafio desta Coleção.

Esse desafio nos levou a trazer para a Coleção um repertório de temas que contempla os problemas sociais de alunos pobres; os chamados déficits de atenção; as várias formas de fracasso escolar; as deficiências em suas muitas faces; as marcas do corpo; a sexualidade; a diversidade sexual; a interação entre escola e família; a situação dos alunos gravemente enfermos; as muitas formas de violência contra a criança e entre crianças; os dramas da drogadição; os desafios da aquisição de linguagem; as questões ambientais e vários outros temas conexos que foram especialmente mobilizados para este projeto editorial.

A mobilização desses temas não foi aleatória. Resultou do processo de interação que o Programa tem mantido com as redes públicas de ensino de São Paulo. E tem sido justamente essa experiência a grande fiadora da certeza de que os problemas educacionais de crianças e adolescentes não são exclusivamente clínicos, nem exclusivamente sociais. Pensemos nisso.

Por isso, apresentamos a Coleção Educação e Saúde como quem responde a uma demanda muito consistente, que nos convida a compartilhar estudos sobre a infância com base naquilo que de mais rico a interdisciplinaridade tem a oferecer.

MARCOS CEZAR DE FREITAS
Coordenador da Coleção

Introdução

Estudos epidemiológicos atuais apontam que os transtornos de leitura e escrita têm uma alta prevalência, entre 7% a 10% das crianças em idade escolar, que, nos países em desenvolvimento, contribui significativamente para o fracasso e evasão escolar. Particularmente no Brasil, aproximadamente 40% das crianças em anos iniciais de alfabetização apresentam dificuldades escolares devido a múltiplas causas, incluindo falta de oportunidade social, ambiente cultural pouco estimulante, desvantagens socioeconômicas, falhas no acesso ao ensino e nos métodos pedagógicos, além de fatores neurobiológicos diversos.

Neste sentido, dada a complexidade e características multifatoriais dos transtornos de aprendizagem, é essencial distinguir os casos em que há predomínio dos fatores psicossociais e ambientais daqueles de bases orgânicas e neurobiológicas. Tal distinção é essencial tanto para a condução de um diagnóstico preciso, como para a seleção das diferentes abordagens e estratégias de intervenção mais adequadas e específicas a cada caso.

Os avanços da neurociência, tornando mais nítida e objetiva a interface mente/cérebro, permitem-nos compreender melhor os aspectos neurológicos e cognitivos que subjazem aos padrões comportamentais encontrados nos transtornos da aprendizagem. Tais avanços contribuem tanto para a compreensão teórica mais abrangente, quanto para a atuação prática mais eficaz baseada nos princípios da neurobiologia. Uma abordagem diagnóstica adequada passa necessariamente por uma análise pormenorizada de conceitos que possibilitem um diagnóstico e tratamento mais eficazes.

1
Conceitos

Segundo o eminente neurologista Norman Geschwind, parte da polêmica em torno do termo criado para nomear as dificuldades de aprendizado da leitura e escrita tem origem etimológica, uma vez que foram eleitos os significados latinos *dys*, como dificuldade, e *lexia*, como palavra. No entanto, é na decodificação do sentido da derivação grega de *dislexia*, que está a significação intrínseca do termo: *dys*, significando imperfeito como *disfunção*, isto é, uma função anormal ou prejudicada; e *lexia* que, do grego, dá significação mais ampla ao termo *palavra*, isto é, como *linguagem* em seu sentido amplo.

A conceituação da dislexia é bastante variável de acordo com os vários autores. É definida de maneira ampla, como uma dificuldade de aquisição da leitura apesar de inteligência normal e oportunidade econômica adequada. Assim são excluídos os casos de inteligência limítrofe, baixa estimulação psicossocial, erros pedagógicos (como alfabetização precoce) e fatores de natureza emocional. A conceituação da dislexia em moldes pedagógicos a situa como dificuldade no uso de palavras com nível de leitura abaixo do esperado para a idade cronológica e nível intelectual. Nestes termos, a dislexia traduziria as dificuldades na transposição de palavras e ideias no papel seguindo as regras gramaticais, de acento, ortografia e pontuação corretas.

O conceito atual proposto pela Organização Mundial de Saúde (OMS) define a dislexia como uma "dificuldade específica de leitura, não explicada por déficit de inteligência, oportunidade de aprendizado, motivação geral ou acuidade sensorial diminuída, seja visual ou auditiva". Segundo o Manual Diagnóstico e Estatístico de Transtornos Mentais (DSM IV), a dislexia caracteriza-se por uma dificuldade específica do aprendizado da leitura e escrita em crianças com inteligência normal, sem distúrbios sensoriais e motores (ver quadro a seguir).

Critérios para transtorno de leitura DSM IV

A. O rendimento da leitura, medido por testes padronizados, administrados individualmente, de correção ou compreensão da leitura, está acentuadamente abaixo do nível esperado, considerando a idade cronológica, a inteligência medida e a escolaridade apropriada à idade do indivíduo.

B. A perturbação no critério A interfere significativamente no rendimento escolar ou atividades da vida diária que exigem habilidades de leitura.

C. Em presença de um déficit sensorial, as dificuldades de leitura excedem aquelas geralmente a este associadas.

Nota para a codificação: Se uma condição médica geral (por ex., neurológica) estiver presente, codificá-la no eixo III.

AMERICAN PSYCHIATRIC ASSOCIATION. DSM-IV-TR. *Manual Diagnóstico e estatístico de transtornos mentais*: Eixo III — Condições médicas gerais (avaliação multiaxial do DSM-IV). 4. ed. rev. Porto Alegre: Artmed, 2002.

Segundo a World Federation of Neurologists, a dislexia do desenvolvimento é o transtorno em que a criança, apesar de ter acesso à escolarização regular, falha em adquirir as habilidades de leitura, escrita e soletração que seriam esperadas de acordo com seu desempenho intelectual.

A definição do National Institute of Health considera a dislexia um transtorno específico de linguagem de origem constitucional e caracterizado por dificuldades em decodificar palavras isoladas, refletindo dificuldade no processamento e manipulação da estrutura sonora das palavras (processamento fonológico). Essas dificuldades em decodificar palavras isoladas são frequentemente inesperadas em relação à idade e a outras habilidades cognitivas e acadêmicas, e não são resultantes de um transtorno geral do desenvolvimento ou de problemas sensoriais.

Independentemente do critério empregado para diagnosticar a dislexia, deve ser excluída a presença de alguns outros transtornos.

Segundo Tallal et al. (1997), a dislexia caracteriza-se por um transtorno na linguagem expressiva e/ou receptiva que não pode ser atribuído a atraso geral do desenvolvimento, transtornos auditivos, lesões neurológicas importantes (como paralisia cerebral e epilepsia) ou transtornos emocionais.

Acredita-se que as dificuldades de aprendizagem estejam intimamente relacionadas à história prévia de atraso na aquisição da linguagem. As dificuldades de linguagem referem-se a alterações no processo de desenvolvimento da expressão e recepção verbal e/ou escrita. Por isso, a necessidade de identificação precoce dessas alterações no curso normal do desenvolvimento evita posteriores consequências educacionais e sociais desfavoráveis.

Em uma contextualização mais estrita a dislexia é diagnosticada em crianças com nível mental adequado, estabilidade emocional sem antecedentes mórbidos prévios, embora em uma proporção de casos haja sobreposição de queixas. Dificuldades cognitivas ou imaturidade no desenvolvimento de conceitos podem estar presentes em alguns casos, incluindo falhas na serialização temporal, como, por exemplo dificuldade na nomeação e conceitualização de antes/depois, sobre/sob, de sequência de números e falhas na manipulação mental de informações (memória operacional) para séries ou processos sequenciais incluindo inabilidade para realizar atividade motora sucessiva e síncrona.

Alguns autores utilizam a expressão "dislexia secundária ou sintomática" para denominar os casos com antecedentes mórbidos pré ou perinatais como anoxia neonatal ou nos casos com lesões cerebrais ou achados significativos em exames de neuroimagem.

Faremos um breve resumo de como desenvolveram-se mecanismos e processos culturais e históricos que resultaram na aquisição de uma das mais importantes aquisições do homem, que é a leitura e a escrita.

> **Lembrete**
>
> Os transtornos de leitura e escrita têm uma alta prevalência, entre 7% a 10% das crianças em idade escolar, que, nos países em desenvolvimento, contribui significativamente para o fracasso e evasão escolar.
>
> A definição do National Institute of Health considera a dislexia um transtorno específico de linguagem de origem constitucional e caracterizado por dificuldades em decodificar palavras isoladas, refletindo dificuldade no processamento e manipulação da estrutura sonora das palavras (processamento fonológico). Essas dificuldades em decodificar palavras isoladas são frequentemente inesperadas em relação à idade e a outras habilidades cognitivas e acadêmicas, e não são resultantes de um transtorno geral do desenvolvimento ou de problemas sensoriais.

2
As origens da escrita e leitura

A escrita apareceu relativamente tarde na história da humanidade, muito tempo depois de o cérebro humano ter evoluído por completo e, provavelmente, muito depois de a capacidade de linguagem ter sido adquirida.

Foi ao redor de 3100 a.C., na antiga Mesopotâmia ou Suméria, que surgiram a escrita e a leitura, talvez de modo independente uma da outra. Portanto, data de 5.000 anos, um curto espaço de tempo se comparado com os milhares de anos que foram necessários para a evolução do homem.

A fase inicial da escrita dos tempos pré-históricos era realizada por meio de figuras ou desenhos feitos em pedras ou no interior de cavernas para transmitir informações essenciais para a sobrevivência e adaptação do homem primitivo. Tal escrita pictográfica tem registro nas regiões mais diversas do mundo, na Europa, América do Norte, África Central, Sudeste da Ásia e continente Australiano. Tal escrita era bastante sofisticada quanto àquilo que transmitia e era suscetível a várias leituras e interpretações, dados os vários significados (polissemia) inerentes à representação visual. Uma tartaruga, por exemplo, simboliza uma feliz chegada à Terra, e o desenho de um homem montado a cavalo mostra a iminência da chegada dos guerreiros. A coragem é esboçada no desenho da águia, enquanto a força e a astúcia emergem dos símbolos da pantera e da serpente.

A escrita pictográfica passa posteriormente por uma transição em que os símbolos tornam-se mais geométricos e formais, mantendo, no entanto, certa ambiguidade. Um círculo, anteriormente usado para representar o Sol, podia significar calor, luz, dia ou um deus associado com o Sol, na chamada escrita ideográfica.

Os verdadeiros sistemas de escrita emergiram pela primeira vez quando os símbolos de escrita foram usados para representar palavras da língua, em vez de objetos ou conceitos. Este importante avanço, é muito provável, foi assumido independentemente em diversos locais, em diferentes momentos. Isto, não quer dizer que a escrita por desenhos extinguiu-se: sinais de estradas e placas sinalizadoras são exemplos de escrita pictográfica ainda viva.

Os primeiros sistemas genuínos de escrita, tais como a escrita cuneiforme sumeriana, desenvolvidos onde hoje é o sul do Iraque, entre 4000 e 3000 a.C., baseavam-se no princípio diretivo uma palavra — um símbolo. Essa escrita era tipicamente feita em tabletes de argila, com um instrumento de madeira chamado de buril. Os exemplos dessa escrita mostram que ela era usada principalmente como esboço de transações comerciais, financeiras e leis.

Esses sistemas de escrita são chamados de "logográficos" (do grego *logos*, que significa palavra) e a leitura desses sistemas envolve uma decodificação global, gestáltica e visual, sendo que seu correspondente fonético é arbitrário. O chinês moderno ainda é logográfico, assim como um dos sistemas de escrita (*kanji*) usado no Japão. O sistema logográfico chinês, por exemplo, facilita que palavras diferentes com sonoridade comum (palavras homófonas) sejam lidas de maneira diversa, uma vez que os logogramas são diferentes, assim a escrita logográfica facilita para o chinês a leitura de palavras com sonoridade semelhante.

Os sistemas atuais da escrita são alfabéticos, isto é, usam uma diferente letra, ou um grupo de letras, para representar cada som distinto na língua falada. O primeiro passo no desenvolvimento do alfabeto envolveu a transformação das logografias dos primeiros sistemas de escrita, tornando-os cada vez menos semelhantes a figuras utilizadas agora não para uma representação de conceitos ou significados, mas para a representação de palavras da língua falada.

Os símbolos logográficos egípcios foram adotados pelos fenícios, um povo que vivia nas áreas ocidentais do Mediterrâneo, e com isso o uso de logografias para representar palavras-sons foi desenvolvido. Apesar de possuírem uma língua completamente diferente da dos egípcios, adotaram os hieróglifos deles para representarem as sílabas de sua própria língua. Com os fenícios, foi completada a conversão de um sistema de escrita inicialmente logográfico para um sistema silábico e baseado nos sons (por volta do ano 1500 a.C.).

A invenção do alfabeto ocorreu em torno do ano 1000 a.C., quando os gregos tomaram o sistema de escrita silábica dos fenícios, adaptando-o pelo uso de um caractere escrito individual para cada som de consoante e de vogal da língua grega. Todos os alfabetos modernos descendem da versão grega (a língua inglesa — e a portuguesa — vem do grego, por meio do alfabeto romano). Com a criação do sistema alfabético, a leitura passa a envolver principalmente sistemas de decodificação fonológica (representação mental de unidades sonoras), envolvendo transposição e correspondência entre signos visuais, grafemas (letras) e seus correspondentes sonoros (fonemas).

Com o sistema alfabético, a forma de representação da escrita por meio de múltiplas representações criou distinções nas diversas línguas das corresponências grafêmico-fonêmicas, algumas com maior "transparência" e apoio na oralidade e outras com representações múltiplas e irregularidade. Neste sentido, acresce-se o problema da ortografia nas diversas culturas.

Naquilo que poderíamos chamar de um sistema de escrita alfabética "transparente", a ortografia de cada palavra transmite sua pronúncia de forma clara, sem ambiguidades.

Alguns alfabetos modernos, tais como o italiano, chegam próximos à transparência enquanto outros, como o alemão, são mais irregulares, pois dispõem de múltiplas representações fonema-grafema. A complexidade da ortografia é, por certo, uma fonte de dificuldade para a criança aprender a ler, mas, segundo Morais (1995), a razão principal de fracasso parece ser a dificuldade apresentada por certas crianças, mesmo em línguas com ortografia quase inteiramente regular, na descoberta do fonema, chave para a compreensão do princípio alfabético da escrita.

O processo de estandardização da ortografia não é uma tarefa simples, uma vez que a língua envolve processos dinâmicos e sujeitos a mudanças. As pronúncias das palavras podem modificar-se através dos séculos.

Na ausência de uma reforma ortográfica, existe uma tendência para que as grafias e as pronúncias separem-se gradualmente, de modo que mais e mais grafias tornam-se "irregulares", não mais refletindo a pronúncia acuradamente. Várias palavras tiveram suas pronúncias mudadas ao longo dos últimos trezentos anos, com o resultado de que suas grafias, uma vez transparentes e racionais, tornaram-se irregulares e aparentemente caprichosas.

Esta tendência de gradual divergência entre ortografia e pronúncia tem sido contrabalançada, em pequeno grau, por uma tendência inversa para que a pronúncia das palavras mude para adaptar-se à sua ortografia, um processo conhecido como "grafar a pronúncia".

Mário de Andrade na década de 1930 criticava, por exemplo, o excesso de articulação, pontuação e acentuação das palavras e propunha literariamente uma reforma da ortografia. A reforma da ortografia vigente propõe uma unificação da grafia no português tanto do Brasil como de Portugal, abolindo ambiguidades.

Escrita silábica

A criação da escrita pode ser vista como o marco mais significativo da transição do homem entre a barbárie e o estado civilizado. Foi criada em resposta ao anseio de registrar a fala, perpetuando-a através das barreiras do tempo e do espaço, transcendendo a memória e a finitude humanas. Vale ressaltar, no entanto, que todos os povos desenvolveram a comunicação oral, porém, nem todos desenvolveram a escrita. A escrita é uma invenção humana que decorreu de um laborioso processo, o qual levou aproximadamente três mil anos, até o aparecimento do alfabeto de 23 letras usado pelos romanos durante o século I a.C., e que fora inventado pelos gregos e adaptado do silabário fenício.

Enquanto a fala é instintiva e biológica, a escrita e a leitura são invenções, criações humanas. O objetivo da escrita não é simplesmente o registro da fala, mas transmitir mensagens por meio de um sistema convencional que representa conteúdos linguísticos, pressupondo uma análise da linguagem. É, portanto, uma forma de mediação linguística, criada de acordo com as necessidades de uma sociedade com demandas culturais determinadas.

Enquanto os sistemas de escrita originários da tradição semítica ocidental são essencialmente fonográficos e não possuem logogramas, os sistemas de escrita de todas as outras tradições usam tanto logogramas como fonogramas; são sistemas mistos, ou seja, utilizam mais de um sistema de escrita ao mesmo tempo.

Todos os sistemas de escrita resultam de uma combinação dessas duas tendências, em proporções diversas, o que se chamou de *Princípio da Dualidade*. Assim, quanto mais pobre for o sistema, do ponto de vista fonêmico, mais ele deverá compensar em um nível grafêmico, visual ou morfêmico; de qualquer maneira, estará fortemente relacionado com a linguagem falada.

Mesmo os sistemas de escrita do chinês e japonês, frequentemente classificados como logográficos, apresentam, portanto, índices de componentes fonológicos silábicos e até fonêmicos adaptados às necessidades da língua e da vida moderna. É o que ocorre, por exemplo, com a escrita em japonês de nomes estrangeiros ou com textos no computador feitos em *romaji*, um alfabeto romano criado para comunicação internacional.

Embora a codificação de morfemas de uma língua em um sistema de escrita seja, sem dúvida, uma forma de mediação linguística, são as associações grafo-fonológicas presentes em todos os sistemas de escrita que nos dão uma verdadeira compreensão do relacionamento entre eles e a linguagem oral. Os sistemas de escrita, de diversos modos nem sempre perfeitos, baseiam-se na linguagem oral, fato que tem importantes implicações em como a escrita e a ortografia, sendo processos cognitivos humanos gerais, funcionam. Desta forma, a escrita não é uma ciência exata, mas somente um registro visível do conhecimento humano, que reflete, pelo menos até certo ponto, a capacidade humana de pensar de modo abstrato a respeito da sua própria linguagem.

Como a escrita precisa de um meio prático de registro da linguagem, a notação fonográfica, que utiliza o alfabeto, mostra-se bastante útil e econômica, por ter uma infraestrutura recorrente e um número relativamente pequeno de unidades. Essas unidades formam uma ponte com a linguagem falada e fundem-se em unidades linguísticas maiores, com função lexical e gramatical, provendo o acesso a todo vocabulário de uma língua.

O poder do alfabeto para representar a língua, independentemente da complexidade de sua estrutura fonológica, é inegável, pois os leitores dos sistemas alfabéticos podem ler palavras que nunca tinham sido vistas antes sem ter que memorizar padrões simbólicos correspondentes a elas. Isto não significa que a leitura e a escrita alfabética sejam aprendidas com mais facilidade do que outros sistemas de escrita. O processo de associação grafema-fonema, que exige o desenvolvimento de capacidade de análise e síntese de fonemas, é apenas uma das condições para se aprender a ler e escrever.

O grau de dificuldade também dependerá da transparência da ortografia de cada língua que utiliza a escrita alfabética. Quanto maior for a semelhança entre a quantidade de grafemas e fonemas, maior será a transparência da ortografia, pois ela refletirá de modo fidedigno a superfície fonológica da língua em questão, isto é, sua cadeia linear de fonemas, caracterizando uma ortografia *rasa* ou *transparente*.

Em contrapartida, quando o número de grafemas for consideravelmente maior do que o número de fonemas, a ortografia será profunda, de modo que a associação grafema-fonema será mais complexa, sendo, consequentemente, mais difícil chegar à escrita apenas por meio de uma abordagem fonográfica.

Para chegar à descoberta do fonema, o aprendiz necessita adquirir e desenvolver a consciência fonológica, uma competência metalinguística que possibilita o acesso consciente ao nível fonológico da fala e a manipulação cognitiva das representações neste nível, que é tanto necessária para a aprendizagem da leitura e da escrita como dela consequente. O desenvolvimento da consciência fonológica tem sido frequente e consistentemente relacionado ao sucesso de aprendizagem da leitura e da escrita.

Para a compreensão do desenvolvimento neurobiológico da consciência fonológica, iremos nos remeter inicialmente a aspectos de maturação da linguagem.

Maturação e linguagem

A aquisição da linguagem requer integração e interação recursiva de fatores fluidos, como as experiências ambientais, culturais, sociais e fatores neurobiológicos. Tais fatores modificam-se durante o curso da ontogênese e envolvem desde a ativação de áreas cerebrais distintas envolvidas com aspectos mais implícitos (nível hierárquico inferior) da discriminação sonora, decodificação, controle fonatório, até aspectos mais contextuais (nível hierárquico superior que dá a base do pensamento narrativo e da metacognição humana — saber que sabe, pensar sobre o pensar).

O neurodesenvolvimento segue um curso maturacional de acordo com dois processos neurobiológicos básicos: a proliferação sináptica associada à apoptose (morte neuronal programada) e a mielinização cerebral. Enquanto a proliferação sináptica tem ciclos diferentes que alternam fases rápidas de proliferação sináptica e desenvolvimento estacionário, a mielinização segue um curso topográfico com gradiente posteroanterior isto é, amadurece primeiramente as áreas posteriores cerebrais responsáveis pela nossa senso-percepção para, posteriormente, amadurecer as áreas anteriores do cérebro responsáveis pelo nosso comportamento motor e nossa ação no mundo (praxia).

Do nascimento aos dois anos de vida, há maturação e desenvolvimento de áreas da linguagem, e até os doze meses há o dobro de sinapses na criança, quando se compara com o cérebro adulto. As áreas de proliferação sináptica sofrem modulação regional, e cada fase do desenvolvimento, no que se atém à linguagem, tem sua grande exuberância nos dois primeiros anos de vida. No recém-nascido, áreas de maior proliferação estão funcionalmente relacionadas às estruturas do tronco cerebral do cerebelo e das áreas sensoriais primárias auditivas e visuais, enquanto a partir dos seis meses nota-se um desenvolvimento das áreas associativas, sendo que a partir dos dois anos há um incremento progressivo da atividade nas áreas anteriores.

Este padrão de desenvolvimento tem repercussão nos marcos evolutivos da linguagem, como a discriminação precoce dos sons aos seis meses, o balbucio articulado aos nove, o repertório de 50 a 200 palavras aos dois anos e a explosão gramatical que coincide com a ativação frontal. Também os fatores de risco para transtornos da linguagem podem ser detectados precocemente, e estudos multicêntricos recentes apontam como esses fatores a falta de fixação ocular em lactentes com seis meses de vida, o não reconhecimento do próprio nome, falta de expressão gestual, como dar tchau, mandar beijo aos dezoito meses, ou a não produção de palavras ou frases agramaticais de duas palavras aos dois anos.

No que se refere à proliferação sináptica, sabe-se que se dá regionalmente nas diversas áreas da linguagem. No nascimento, as áreas de maior ativação são as auditivas primárias, mas precocemente há ativação das áreas associativas, como o giro broca e o giro angular; a partir dos quatro anos os padrões de ativação são semelhantes aos do adulto. Portanto, quanto mais precoces os estímulos da linguagem, mais eficazes eles serão.

No que se refere à mielinização, as funções receptivas relacionadas às áreas posteriores do cérebro têm maturação mais precoce que as funções expressivas relacionadas às estruturas mais anteriores. Assim, o processamento semântico é anterior ao fonológico que se estabelece nos seis primeiros anos de vida. No entanto, o componente semântico, embora mais precoce, tem maturação mais prolongada e está ativo durante toda a vida do indivíduo, veiculando diferentes significados às experiências das várias fases da vida.

Há diferenças sexuais neste desenvolvimento em todos os níveis de decodificação, sendo mais precoce nas meninas. Também o grau de plasticidade, enquanto possibilidade de modificação do cérebro pela experiência ou mediante desafios ou lesões cerebrais, diminui à medida que se dá a maior especialização hemisférica que ocorre em torno dos seis aos sete anos de vida. Por isso, quanto mais precoce o diagnóstico e, consequentemente, a reabilitação, maior a possibilidade de sucesso no sentido de mobilizar mecanismos compensatórios mais eficientes.

Lembrete

A aquisição da linguagem requer integração e interação recursiva de fatores fluidos, como as experiências ambientais, culturais, sociais e fatores neurobiológicos.

Quanto mais precoce o diagnóstico e, consequentemente, a reabilitação, maior a possibilidade de sucesso no sentido de mobilizar mecanismos compensatórios mais eficientes.

3
Linguagem

O processo de aquisição da linguagem envolve o desenvolvimento de quatro sistemas interdependentes: o pragmático, que se refere ao uso comunicativo da linguagem num contexto social; o fonológico, envolvendo a percepção e a produção de sons para formar palavras; o semântico, atribuindo às palavras seu significado; e o gramatical e morfológico, compreendendo as regras sintáticas para combinar palavras em frases compreensíveis. Os sistemas fonológico e gramatical conferem à linguagem a sua forma. O sistema pragmático descreve o modo como a linguagem deve ser adaptada a situações sociais específicas, transmitindo emoções e enfatizando significados.

A fala caracteriza-se habitualmente quanto à articulação, ressonância, voz, fluência/ritmo e prosódia. As alterações da linguagem situam-se entre os mais frequentes problemas do desenvolvimento, e podem ser classificadas como atraso, dissociação e desvio nos quatro níveis do sistema de linguagem (fonológico, semântico, pragmático, sintático).

Desenvolvimento ontogenético

No desenvolvimento da linguagem, há uma fase pré-linguística em que são vocalizados apenas fonemas (sem palavras) e que persiste até os 11-12 meses; na fase linguística, a criança começa a falar palavras isoladas com compreensão até a posterior escalada de complexidade da expressão. A aquisição é contínua e ocorre de forma ordenada e sequencial, com sobreposição considerável entre as diferentes etapas deste desenvolvimento.

MARCOS DA LINGUAGEM DESDE O NASCIMENTO ATÉ OS 3 ANOS

Desenvolvimento da linguagem e da fala na infância

3 meses	Começa o período do balbucio; a criança produz sequências de sons por prazer. O balbucio é importante na construção de sequências de movimentos musculares que serão utilizadas mais tarde na produção dos sons significativos da fala.
9 meses	A criança repete a fala das outras pessoas, mas as palavras são ainda utilizadas sem significado. Ouvindo e imitando os adultos, a criança aprende que grupos de sons se referem a objetos, pessoas e situações específicas.
12 a 18 meses	A criança começa a proferir palavras simples com significado, muitas vezes acompanhadas de gestos. São exemplos as palavras "olá", "pipi", "papá". Apenas são usadas palavras isoladas, aumentando gradualmente o vocabulário, a partir de duas palavras iniciais.
18 a 24 meses	A criança começa a combinar conceitos para formar frases de duas palavras (por exemplo, "Olá, Tó" ou "Tá quente"). Por volta dos dois anos, ela poderá utilizar cem ou mais palavras diferentes.
2 a 3 anos	As frases da criança alongam-se (por exemplo, "Gosto do bolo" ou "Pedro bateu no bebê"). Começa a introduzir adjetivos e advérbios nas frases (por exemplo, "Quero comer agora"). Aos três anos, o comprimento médio das frases é de quatro palavras. Já são produzidos quase todos os sons, com a possível exceção do /r/, /ɜ/ e /ò/.
A partir dos 3 anos	Começam a ser usadas frases mais elaboradas, com vários substantivos, verbos no pretérito e no futuro, e frases compostas (por exemplo, "Fomos à casa do Pedro, bebemos leite e comemos bolo"). Contudo, são frequentes os erros, tais como "Amanhã fomos ao jardim", que refletem a imaturidade linguística da criança. As capacidades linguísticas continuam a desenvolver-se durante toda a infância.

O processo da linguagem é bastante complexo e envolve uma rede de neurônios distribuída entre diferentes regiões cerebrais. Em contato com os sons do ambiente, a fala engloba múltiplos sons que ocorrem simultaneamente em várias frequências e com rápidas transições entre elas. O ouvido tem de sintonizar este sinal auditivo complexo, decodificá-lo e transformá-lo em impulsos elétricos, os quais são conduzidos por células nervosas à área auditiva do córtex cerebral, no lobo temporal.

A área de Wernicke, situada no lobo temporal, reconhece o padrão de sinais auditivos e interpreta-os até obter conceitos ou pensamentos, ativando um grupo distinto de neurônios para diferentes sinais. Ao mesmo tempo, são ativados neurônios na porção inferior do lobo temporal, os quais formam uma imagem do que se ouviu, e outros no lobo parietal, que armazenam conceitos relacionados. De acordo com este modelo, a rede neuronal envolvida forma uma complexa central de processamento.

Crianças com dificuldade de linguagem podem ter dificuldades nas várias dimensões, como a fonológica, a morfológica, a semântica e a pragmática. A criança inicialmente desenvolve as palavras faladas (nível fonológico e morfológico) e atribui significado a elas (nível semântico). Esta função relaciona-se com a área de Wernicke e com o córtex de associação adjacente localizado na região temporal superior e parietal inferior.

Para verbalizar um pensamento, acontece o inverso. Inicialmente, é ativada uma representação interna do assunto, que é canalizada para a área de Broca, na porção inferior do lobo frontal, e convertida nos padrões de ativação neuronal necessários à produção da fala. Também estão envolvidas na linguagem áreas de controle motor e as responsáveis pela memória.

A avaliação da linguagem receptiva segue um curso maturacional de acordo com as fases do neurodesenvolvimento. Assim, com aproximadamente 12 a 18 meses, a criança conhece o significado do "não", entende expressões como "me dá", "venha aqui", e está apta para apontar partes do corpo. Aos dois anos de vida obedece a ordens simples sob comando e já está apta para apontar vários objetos nomeados. Com a idade de 3 a 4 anos já nomeia objetos e conhece preposições.

A habilidade da linguagem expressiva, por sua vez, tem curso mais lento que a receptiva. Crianças com atraso de linguagem têm de maneira geral a recepção mais íntegra que a expressão. Crianças com 10 a 12 meses já desenvolvem uma ou duas palavras específicas e o vocabulário desenvolve-se bastante dos 18 aos 24 meses, sendo que a criança com 2 anos já é capaz de formular sentenças de duas palavras, e com 3 a 4 anos usa sentenças com 4 palavras, utilizando expressões verbais no passado e no futuro.

O cérebro é um órgão dinâmico que se adapta constantemente a novas informações. Como resultado, as áreas envolvidas na linguagem de um adulto podem não ser as mesmas envolvidas na criança, e é possível que algumas zonas do cérebro sejam usadas apenas durante o período de desenvolvimento da linguagem.

Acredita-se que o hemisfério esquerdo seja dominante para a linguagem em cerca de 90% da população; contudo, o hemisfério direito participa do processamento, principalmente nos aspectos da pragmática.

Áreas funcionais da fala

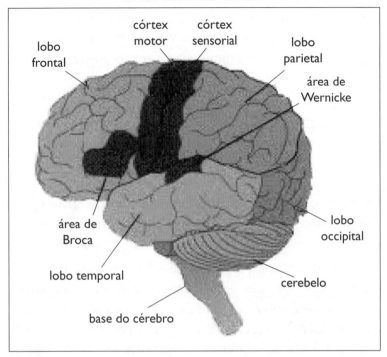

Prosódia

A prosódia representa o aspecto afetivo e emocional da fala; a entonação, a inflexão, o volume, a ênfase, bem como a expressão facial e a postura corporal fazem parte do contexto de atribuição de significado não verbal da linguagem. Uma mesma frase com diferentes inflexões de prosódia pode ter aspectos contrários quando é usada com sarcasmo, afirmação simples ou dúvida.

O aspecto prosódico da linguagem relaciona-se a funções do hemisfério não dominante na mesma localização (homóloga) do sítio anatômico das áreas de recepção e expressão do hemisférico dominante. Assim, a prosódia da fala tem localização nas porções posteriores do giro temporal superior do hemisfério cerebral direito (área análoga a de Wernicke). Por outro lado, a prosódia expressiva está localizada na região posterior do giro frontal inferior direito (análoga da área de Broca).

A prosódia desenvolve-se precocemente na infância e se estabelece funcionalmente para a comunicação no período pré-escolar. Crianças com dificuldade de prosódia receptiva e expressiva têm também dificuldade na interação social. O exame dos aspectos prosódicos da fala pode ser realizado por meio da observação, da gestualidade e da integração da criança e na compreensão dos aspectos emocionais e contextuais da linguagem, e se estes são apropriados para o contexto ou ocasião.

Para avaliação da prosódia gestual, podem ser usados cartões que mostrem expressões faciais de alegria, tristeza e raiva e pede-se à criança que demonstre a expressão facial dessas mesmas emoções. A prosódia verbal pode ser testada pedindo-se à criança que ouça frases do examinador e que diga se a frase é alegre, triste ou de raiva (dependendo da entonação). A criança deve demonstrar também habilidade de expressar as emoções numa determinada sentença.

Linguagem escrita e leitura

Outro aspecto importante da linguagem refere-se à linguagem escrita e leitura. A aquisição da leitura e da escrita requer um ensino formal mesmo em se tratando de crianças inteligentes e saudáveis, enquanto para a aquisição da linguagem oral é necessário, apenas, que tais crianças sejam criadas em um ambiente estimulante, no qual a linguagem seja utilizada. Além disso, o que leva o aprendizado da leitura e da escrita ser mais difícil é o fato de que a fala, ou a articulação da linguagem oral, não é composta de sons isolados, o que torna a representação alfabética uma abstração.

Durante a fala, sequências de consoantes e vogais são produzidas a uma razão de aproximadamente 8-10 por segundo, que são conseguidas à custa da fusão e do sobrepujamento de gestos articulatórios, isto é, o falante prepara a articulação da consoante e da vogal ao mesmo tempo que produz os aspectos fonologicamente significantes dos sons da fala, processo esse denominado coarticulação.

O ouvinte não tem acesso aos vários níveis pelos quais ele passa durante a análise da fala, pois esses níveis são implícitos, isto é, não passam necessariamente pela consciência. As características sonoras dos sons e das palavras não são, portanto, parte da representação linguística, porque o ouvinte não as percebe como tais, mas somente pelo contexto envolvido com a comunicação, isto é, o entorno linguístico.

Durante o desenvolvimento, as crianças armazenam sequências articulatórias, que, posteriormente, combinadas umas com as outras constituirão as bases gestuais-sonoras das palavras.

Crianças com dislexia, por exemplo, têm dificuldade na decomposição fonológica, mas a compreensão da fala é intacta, e a leitura, quando presente, é geralmente lenta ou silabada. A dificuldade no desenvolvimento de sequências articulatórias descritas reflete a posterior dificuldade destas crianças em soletrar (decomposição e segmentação sonora), em reconhecer rimas (estabelecer paralelismo sonoro) e ler palavras não habituais (pseudopalavras), mesmo que sigam as regras gramaticais da língua, uma vez que tal leitura não pode depender apenas da regularidade ou mesmo da habituação visual (lexicalidade) presente nas palavras de alta frequência, como casa, sapo, lápis etc.

A leitura de palavras sem significado (pseudopalavras), mas obedecendo às mesmas regras fonéticas que palavras com significado, envolve o entendimento e a decomposição fonológica (a partir da decomposição acústica e fonética) das palavras (ver Anexo).

O desenvolvimento da consciência fonológica pode ser influenciado pela idade e escolaridade. As representações fonológicas e semânticas de palavras familiares começam a ser formadas entre seis e nove anos de idade, nessa fase o vocabulário é ainda reduzido, sendo assim, não há necessidade de representar as palavras de uma forma sistemática e detalhada.

Nos estudos de produção de fala, pode-se notar que os fonemas não são unidades de representação em crianças pequenas. É, portanto, a palavra e não o fonema que serve como unidade básica de representação nas fases iniciais de desenvolvimento. A partir de doze meses, as primeiras palavras começam a surgir e cerca de cinquenta delas são aprendidas e armazenadas de forma global, talvez tomando por base traços acusticamente salientes.

Com o tempo, sob a pressão do aumento de vocabulário, essas representações reorganizam-se em estruturas perceptomotoras recorrentes dentro da palavra, para, na idade escolar, organizarem-se como fonemas. Em outras palavras, com o crescimento do vocabulário, o número de palavras acusticamente similares também aumenta, iniciando uma pressão para implementar representações fonológicas cada vez mais detalhadas e bem definidas. Essa fase do desenvolvimento é denominada reestruturação lexical.

Há um crescimento do vocabulário de acordo com a idade. Há estimativas de que crianças com quatro anos possuem um vocabulário de 2.500 a 3 mil palavras, com sete anos, de 7 a 10 mil palavras; com onze anos, já possuem um vocabulário de aproximadamente 40 mil palavras. Essa reestruturação ocorre de forma gradual, dependendo de diversos fatores, entre os quais a familiaridade e a similaridade sonora entre as palavras do vocabulário.

A segmentação gradual das representações parece ter um papel crucial no desenvolvimento da consciência fonológica. A aquisição muito lenta de vocabulário, porém, poderia danificar a precisão das representações formadas e, desde então, determinar alterações de processamento fonológico em geral.

Ambos os fatores contribuem para o desenvolvimento de competências fonológicas. No entanto, o efeito de escolaridade é quatro vezes maior do que o de idade, o que reforça a noção de que a instrução de leitura é um fator essencial no estabelecimento da consciência fonológica.

Diversas teorias tentam estabelecer qual é o tipo de informação representada que nos permite reconhecer palavras emitidas de forma eficiente. Ao ouvir uma palavra inserida em um enunciado, há a necessidade de um mapeamento entre essa palavra emitida e alguma forma de representação prévia. Esse processo de reconhecimento pressupõe uma característica invariante, ou seja, o reconhecimento de regularidade entre o estímulo presente e a experiência passada.

Pouco se sabe sobre o processo que estabelece as representações mentais, ou seja, qual seria o processo pelo qual a criança inicia a representação fonológica das palavras em seu léxico e, posteriormente, como ela acessa essas representações. Segundo a teoria motora, os sinais de fala são interpretados em referência aos movimentos articulatórios. A informação acústica contida nas palavras faladas não é arbitrária, tratando-se de uma consequência evidente dos gestos articulatórios. Partindo desse pressuposto, a Fonologia Articulatória considera que as unidades fundamentais de representações não são fonemas ou traços distintivos, mas gestos articulatórios

O fonema surge com a experiência da linguagem oral, como resultado das interações entre o crescimento de vocabulário e as limitações de desempenho. No início, ele aparece como uma unidade perceptual implícita, utilizada para o processamento básico de fala; somente com a utilização em atividades relacionadas com a escrita e a leitura torna-se uma unidade de processamento explícita.

Seriam explicadas, desta maneira, as diferenças individuais no desenvolvimento da consciência fonológica e, consequentemente, no sucesso do aprendizado de leitura e escrita. Quando a representação é estabelecida de forma incompleta e imprecisa, pode haver falhas no processamento fonológico em geral, afetando, por sua vez, habilidades específicas como discriminação, nomeação, memória verbal e consciência fonológica, que dependem, em última instância, da integridade das representações fonológicas. Quanto mais distinta de seus "vizinhos" fonológicos, melhor é esta representação.

A leitura e a escrita envolvem também habilidades cognitivas complexas, além de capacidade de reflexão sobre a linguagem no que se refere aos aspectos fonológicos, sintáticos, semânticos e pragmáticos. É importante ressaltar que existe uma combinação dos fenômenos biológicos e ambientais no aprendizado da linguagem escrita, envolvendo a integridade motora, a integridade sensório-perceptual e a integridade socioemocional (possibilidades reais que o meio oferece em termos de quantidade, qualidade e frequência de estímulos). Além disso, o domínio da linguagem e a capacidade de simbolização também são princípios importantes no desenvolvimento do aprendizado da leitura e da escrita.

Essas considerações teóricas nos ajudam a pensar nas possíveis causas das dificuldades de inúmeras crianças, em aprender a ler e a escrever. Além de um déficit de processamento fonológico, podemos inferir que o processo de aprendizagem não é o mesmo para todas as crianças e que o fracasso e o sucesso dependerão também de fatores individuais.

A caracterização dos modelos teóricos de aquisição de leitura e escrita, bem como de reconhecimento de palavras, propiciam um melhor entendimento dos vários processos envolvidos nessa aprendizagem e possibilitam a busca de estratégias facilitadoras para remediar os transtornos de leitura e escrita, sejam eles de origem neurobiológica, como a dislexia, ou devido a fatores ambientais ou maturacionais. Descreveremos a seguir as bases históricas e clínicas da dislexia entendida como transtorno de base estrutural (genética, neuromaturacional) intimamente relacionada ao processamento cerebral que envolve os mecanismos de conversão entre os signos escritos (grafema) em unidades sonoras simples (fonemas) e complexas (palavras).

Bases históricas da dislexia

As teorias da base orgânica e neurológica da dislexia têm origem no final do século XIX, quando o neuropatologista francês Dejerine (1891) encontrou, em autópsias de indivíduos que tinham perdido a capacidade para a leitura extensa, uma lesão do lobo parietal inferior esquerdo, região conhecida com giro angular, atribuindo-se a essa região a denominação "centro da imagem óptica das palavras". O oftalmologista escocês James Hinshelwood e o médico inglês Pringle Morgan (1896) notaram que certos sintomas da dislexia eram semelhantes aos apresentados por indivíduos que tinham lesões cerebrais nestas áreas e denominaram "cegueira visual para as palavras" as falhas na decodificação da leitura.

Mas foi somente em 1917 que foram encontradas anormalidades neuropatológicas do lobo parietal em um paciente com alexia, e a confirmação em autópsia foi somente feita em 1968. O neurologista americano Samuel Orton (1925) propôs que a dislexia na verdade estaria relacionada à pobre lateralização das funções hemisféricas, teoria que foi expandida somente muitos anos após os trabalhos originais de Albert Galaburda e Norman Geshwind. A maior prevalência de sinistralidade (canhotos) nos indivíduos com dislexia refletiria a assimetria atípica funcional de amplas áreas cerebrais à linguagem.

Contexto clínico

Do ponto de vista epidemiológico, sabe-se que a dislexia tem predomínio no sexo masculino de 2 a 5:1, tem ocorrência familiar frequente e associa-se a distúrbios de linguagem e práxicos. Quanto ao desenvolvimento neurológico, as crianças com dislexia têm histórico normal, mas muitas vezes há relatos de atraso nas funções que envolvem a manipulação de signos linguísticos. Tais funções, por exemplo, relacionam-se ao conhecimento e à nomeação das cores, habilidades fonológicas (como na pré-escola saber com que letra tal palavra começa). Embora o exame neurológico tradicional seja habitualmente normal, a criança pode apresentar dificuldades em provas relacionadas à realização de movimentos sutis alternados e sincinesias de imitação, na mão contralateral, a que executa movimentos.

As alterações mais significativas ao exame são aquelas relacionadas às provas gráficas, mostrando-se frequentemente erros por trocas surdo-sonoras, acréscimos, inversão ou reversão silábica, equivalência fonética, encurtamento de palavras, soletração bizarra, signos retorcidos (estrefossimbolia), substituição fonético-semântica nos ditados, leitura labial e apoio articular mesmo quando em leitura silenciosa.

Há alterações disgráficas em alguns casos com letra grande, desalinhada, preferência por letra de forma (bastão) em relação à letra cursiva, erros comuns relacionados a funções neuropsicológicas de áreas cerebrais associativas do hemisfério cerebral esquerdo.

Frequentemente, em uma proporção que varia de 30% a 70% em algumas séries há comorbidades, isto é, associação de distúrbio da leitura com outras condições neurospicológicas específicas, como o TDAH (transtorno do déficit de atenção/hiperatividade), discrepância verbal na execução nos testes de nível mental (WISC), disgrafia, discalculia, dessincronia (como em provas que medem a habilidade de reprodução rítmica), desorientação direita-esquerda e velocidade lenta em tarefas manuais sequenciais.

É importante que os profissionais envolvidos com o diagnóstico de dislexia conheçam também os limites dele, uma vez que variações neuromaturacionais na aquisição da leitura podem ser bastante amplas. Assim, não é incomum algumas crianças pequenas ainda com poucas habilidades fonológicas serem rotuladas como crianças com dislexia quando, na verdade, ainda não adquiriram a maturidade necessária para o desenvolvimento das funções linguísticas. É o preço que se paga por muitos métodos de alfabetização precoce e uma cobrança inadequada de algumas escolas ou mesmo da própria família para alfabetização precoce na pré-escola.

Assim, recomenda-se não diagnosticar como dislexia os casos que ainda não adquiriram a leitura antes dos sete anos de idade. Dessa forma, o diagnóstico muitas vezes requer um atraso de dois anos da idade de leitura em relação à idade cronológica da criança. Isto não significa que não se deva fazer um trabalho de estimulação preventivo nas crianças pequenas que ainda não adquiriram habilidades de consciência fonológica a partir dos 5 e 6 anos de vida.

O processamento fonológico, enquanto manipulação da estrutura sonora das palavras, relaciona-se às fases precoces do neurodesenvolvimento, observando-se uma íntima relação do desenvolvimento da aptidão para leitura e a chamada consciência fonológica, entendida como capacidade de decomposição, segmentação, reconhecimento de rimas e da estrutura sonora das palavras, que já se mostram desenvolvidas em crianças de 5 a 6 anos de idade. Assim, crianças que aos 6 anos não desenvolveram consciência fonológica têm alto risco para desenvolver transtorno de leitura e escrita.

Também se observa que o treinamento fonológico centrado na categorização dos sons e não no significado das palavras acarreta progressos importantes da leitura. Tais achados fundamentam a dislexia como disfunção mais essencialmente fonológica. Assim, observa-se que mesmo crianças com dislexia compensada, isto é, que desenvolveram padrões mais fluentes de leitura, apresentam dificuldades em testes quantitativos e qualitativos de consciência fonológica, principalmente naqueles cronometrados que exigem automatização da leitura.

É preciso entender que enquanto a fala é instintiva e natural, relacionada a módulo geneticamente determinado influenciado pela exposição ambiental, a leitura por sua vez é uma invenção e tem de ser aprendida conscientemente por meio de regras de transposição de imagens visuais em imagens auditivas, associadas às múltiplas regras ortográficas e fonológicas inerentes às diferentes línguas e culturas.

Neurodesenvolvimento e Leitura

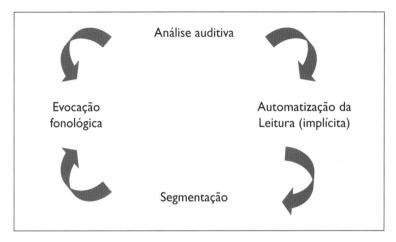

A análise visual, sua transposição auditiva, a evocação fonológica até a automatização da leitura implicam a manipulação de pelo menos duas rotas que envolvem mecanismos neuropsicológicos distintos: a rota lexical, que faz a decomposição gráfica e visual das palavras, e a rota fonológica, que faz a conversão de signos ortográficos em fonológicos.

Assim, as áreas cerebrais envolvidas neste processo são múltiplas e vão desde as áreas visuais primárias, até as áreas temporais de decodificação auditiva, as áreas associativas parietais, e as áreas motoras responsáveis pelo controle fonatório.

As áreas posteriores occipitotemporais estão mais relacionadas com os aspectos da decodificação visual e processamento rápido pela rota lexical, enquanto as áreas parietotemporais analisam as unidades individuais e requerem recursos atencionais mais lentos da rota fonológica.

A disfunção fonológica na dislexia liga-se não apenas ao processo linguístico do processamento mais minucioso (alto nível), mas também a processos mais primários e implícitos de identificação que prejudicam o processo de nível hierárquico superior (*bottom-up*). Isto pode traduzir-se nos erros na leitura de palavras longas, irregulares, ou nas palavras com encontros consonantais ou pseudopalavras, isto é, palavras que têm a estrutura gramatical da língua, mas não existem enquanto conceito.

> **Lembrete**
>
> As alterações mais significativas ao exame de crianças com dislexia são aquelas relacionadas às provas gráficas, mostrando-se frequentemente erros por inversão ou espelhamento de letras, reversão silábica, equivalência fonética, encurtamento de palavras, soletração bizarra, signos retorcidos (estrefossimbolia), substituição fonético-semântica nos ditados, leitura labial e apoio articular mesmo quando em leitura silenciosa.

4
Subtipos de dislexia

É bastante discutida devido à grande variabilidade clínica na dislexia a existência de subtipos baseados na diferenciação dos perfis de desempenho neuropsicológico. Assim, muitos pesquisadores procuraram desenvolver, então, classificações que focalizassem diretamente a leitura e as diferenças que os indivíduos apresentam para aprender a ler, com base nos processos de reconhecimento da palavra.

As crianças com dislexias podem de maneira mais simplista ser divididas em dois subtipos principais: as fonológicas e as visuoespaciais. As crianças com dislexias fonológicas foram descritas como tendo problemas na discriminação e na síntese dos sons, além de serem fracas em decodificação fonética. As crianças com dislexias visuoespaciais, por sua vez, apresentavam dificuldade na discriminação visual e em habilidades espaciais, assim como em usar a rota visual de leitura global.

A classificação desenvolvida por Boder (1973) reconhecia três subgrupos de leitores fracos, com base em seus erros de leitura e/ou escrita: o disfonético, o diseidético e o aléxico. Os indivíduos do subgrupo disfonético teriam um déficit primário nas habilidades de análise auditiva e, portanto, muita dificuldade em usar a rota fonológica; poderiam ler "plástico" em vez de "prático". Os leitores diseidéticos teriam, por sua vez, um déficit na rota visual, consequentemente, uma dificuldade acentuada com palavras irregulares, como, por exemplo, "fixo" ou "vaso". O subgrupo aléxico teria dificuldade tanto nas habilidades auditivas como nas visuais, sendo o grupo mais comprometido.

Têm sido descritas várias propostas de classificação da dislexia baseadas nos diferentes níveis de disfunção e estilos opostos de processamento das palavras. Assim, temos o tipo disfonético (dificuldade iminentemente fonológica) *versus* diseidético (dificuldade na integração visual gestáltica da palavra como um todo ou grafêmico); o tipo de superfície (déficit na integração grafêmica) *versus* a dislexia fonológica, o tipo visual auditivo *versus* o espacial linguístico; a dislexia anterior *versus* a posterior. Tais distinções são na verdade apenas diferentes terminologias para as mesmas características disfuncionais relacionadas tanto às falhas na transposição visuográfica como na transposição auditivo-fonológica, atribuindo-se arbitrariamente qual o mecanismo fisiopatológico predominante em cada caso.

Alguns autores utilizam, também, uma terminologia em relação à etiologia, considerando dislexia primária os casos em que não são detectadas anormalidades nos exames de neuroimagem, e os casos de dislexia adquirida que é considerada um transtorno de leitura e escrita em indivíduos já alfabetizados, decorrente de algum dano neurológico posterior.

Continuando a questão das terminologias, alguns autores identificam três categorias clínicas nas crianças com transtorno de leitura e escrita: a dislexia profunda, a dislexia fonológica e a dislexia de superfície. Os indivíduos com dislexia profunda e fonológica têm grande dificuldade com decodificação fonêmica, ou seja, a leitura de pseudopalavras se torna bastante comprometida, já que elas não podem ser reconhecidas pela rota visual e seu reconhecimento depende da aplicação das regras de correspondência grafema-fonema. Essas pessoas podem ainda cometer erros semânticos na leitura, como, por exemplo, ler "sol" por "lua". Cometem também erros visuais, confundindo palavras como "nata" e "mata", e erros morfológicos, como trocas de prefixos ou sufixos, "amávamos" por "amamos". Na dislexia de superfície, os indivíduos têm dificuldade com a rota visual, sendo identificados por sua dificuldade em ler palavras irregulares.

Várias teorias foram construídas para explicar as diferentes caraterísticas e subtipos clínicos, embora nenhuma tenha sido totalmente confirmada. Assim, temos a teoria de predomínio da visão periférica (disfunção do sistema magnocelular visual), a disfunção fonológica (distúrbio no processamento auditivo) e as alterações no processamento temporal da informação, as mais descritas na literatura e que se apoiam em mecanismos fisiopatológicos. A teoria da visão periférica, controversa na literatura, ressalta que na dislexia haveria disfunção do sistema magno-celular responsável pela visão gestáltica, holística, sem detalhes, dos estímulos expostos rapidamente, contrariamente ao sistema parvo-celular responsável pela visão analítica de detalhes.

Na teoria de disfunção fonológica, mais aceita na literatura, crianças com dislexia apresentam acentuada dificuldade de decodificação fonológica, e têm desempenho pior em tarefas de processamento sintático e memória verbal de curto prazo, confirmando que a qualidade das representações fonológicas tem um papel fundamental no aprendizado da leitura e da escrita.

Na teoria da disfunção temporal da informação há dessincronia e inabilidade de processar estímulos temporais, levando a uma dificuldade de sincronização e sequenciação de estímulos visuais e fonológicos. Nessa teoria, haveria participação de estruturas subcorticais e cerebelares no processamento. Tal teoria nunca foi comprovada por estudos longitudinais e controlados; o modelo fonológico e misto para a dislexia é o mais aceito.

A falta de exposição à linguagem escrita poderia ser a causa do aparecimento da dislexia de superfície, que, de fato, seria uma forma leve de déficit fonológico associada a uma inadequada experiência de leitura, pois o que estas crianças não possuem seria o conhecimento específico das palavras, que é normalmente adquirido pelo ato de ler.

Em linhas gerais, as características da dislexia fonológica de desenvolvimento são: estratégia de leitura *top-down*, isto é, leitura global, fraca habilidade fonológica, dificuldade para a leitura em voz alta de palavras não familiares e de não palavras, leitura de palavras regulares igual à de palavras irregulares, erros visuais na leitura e na escrita, com erros não fonéticos.

Quanto às características da dislexia de superfície ou grafêmica ou, ainda, visuoespacial, as crianças apresentam estratégia de leitura *bottom-up*, isto é, leitura pela mediação fônica; leitura com erros de regularização; leitura tanto de palavras irregulares como regulares; boa leitura de não palavras; dificuldade para reconhecer palavras como um todo, ou léxico visual pobre, escrita com erros fonéticos e dificuldade com palavras irregulares.

Para alguns autores, a compreensão da leitura pode ser vista como o resultado do reconhecimento da palavra *versus* compreensão auditiva. Isto significa que, se quisermos saber o quanto um indivíduo entende o que lê, é necessário avaliarmos quão bem ele reconhece as palavras e o quanto ele entende quando essas palavras ou sentenças são lidas para ele. Este modelo preconiza que as análises envolvidas na aplicação da correspondência da palavra levam a uma fusão das representações fonológicas e ortográficas na memória semântica. Tais apresentações fundidas propiciam a base para um acesso rápido e eficiente ao léxico durante a leitura.

Alguns autores sugerem, então, que as crianças com transtornos de leitura podem ser divididas de acordo com suas habilidades de reconhecimento da palavra e de compreensão auditiva. Um subgrupo, tradicionalmente denominado como a criança com dislexia, teria pobre reconhecimento da palavra, mas boa compreensão auditiva. Outro teria fraco reconhecimento da palavra e também pobre compreensão auditiva, e constituiria o grupo com transtorno de leitura e escrita inespecífico. Um terceiro subgrupo de leitores fracos seria aquele que tem boa decodificação, mas fraca compreensão auditiva: o hiperléxico.

Todos os três grupos teriam problemas de compreensão da leitura, mas por diferentes razões: o da criança com dislexia, por sua dificuldade de decodificação fonológica; o hiperléxico, por seus déficits cognitivos e de linguagem, geralmente associados com autismo; e, finalmente, as crianças com transtorno de leitura e escrita, por sua dificuldade tanto no reconhecimento da palavra como na compreensão oral.

Atualmente, acredita-se que pode haver também uma continuidade multidimensional para a habilidade de leitura, em geral, e para todas as suas habilidades cognitivas relacionadas.

A heterogeneidade de manifestações de transtornos de leitura dá-se em uma gradação completa e contínua em um espaço multidimensional, desde a criança com dislexia pura, em um extremo, até o leitor fraco por atraso de desenvolvimento da linguagem.

Há consideráveis evidências vindas de várias fontes diferentes — sustentando essa noção de continuidade para a habilidade de leitura —, as quais indicam que o transtorno de leitura não é uma condição discreta e que as relações entre a habilidade de leitura e as diversas habilidades cognitivas formam um espaço contínuo. Apesar da grande contribuição para o entendimento dos transtornos de leitura e escrita prestada por todas as abordagens descritas, parece-nos que a noção da continuidade do espectro de manifestações dos transtornos de linguagem escrita é a mais adequada para o diagnóstico, o prognóstico e o tratamento dos indivíduos que fracassam no processo de aquisição e desenvolvimento da linguagem escrita.

É a partir dela que se podem considerar todos os aspectos controversos no campo dos transtornos de leitura, como definição, subtipos, etiologia e características. Esta noção nos fornece, ainda, informações importantes para atuarmos na prevenção dos problemas de leitura e escrita, o que deve ser sempre uma preocupação primordial na intervenção.

Neurobiologia

Antes de entrarmos nas teorias neurobiológicas da dislexia, é importante entendermos alguns aspectos neuropsicológicos do desenvolvimento da leitura e escrita. O processo maturacional envolve uma fase pré-gráfica, de rabiscos e garatujas, passa por uma fase figurativa pré-silábica, e o desenvolvimento da fase silábico-alfabética envolve uma representação neuropsicológica ampla que se relaciona às transposições grafêmico-acústicas, que dependem da integridade funcional de estruturas cerebrais localizadas em áreas cerebrais posteriores responsáveis pelo reconhecimento visual (gnosias) e organização espacial dos grafemas.

Estruturas do lobo temporal (auditivas) estão envolvidas na transposição visual (grafemas) acústica (fonética-alça fonológica). Assim, as chamadas transposições visuoacústicas irão envolver estruturas amplas dos dois hemisférios cerebrais e, principalmente, as áreas de integração inter-hemisféricas. Neste sentido, qualquer processo que dificulte os vários níveis de processamento neurospsicológico podem levar a dificuldades na aquisição de leitura e escrita.

De maneira geral, grande parte das crianças com dislexia apresenta distúrbios predominantemente fonológicos e mistos. Em relação à etiologia, várias hipóteses recentes são postuladas na literatura internacional. Estas incluem a hipótese genética, sendo implicado, entre outros, o cromossoma 15 e o 6.

No que se atém à neurobiologia os estudos animais são insuficientes para explicar a comunicação humana, e com o avanço tecnológico da neuroimagem como Ressonância Nuclear Magnética funcional e a Tomografia com Emissão de Pósitrons, foi aberta a possibilidade do estudo funcional e topográfico em tempo real, relacionando-se as mudanças às múltiplas áreas cerebrais.

Assim sabemos que a identificação grafêmica se situa no neocórtex visual estriado em fases precoces do desenvolvimento, o processamento fonológico nas áreas temporais e o acesso semântico no giro temporal médio e superior esquerdo. Observa-se também assimetria de gênero com processamento fonológico mais difuso e bilateral nas meninas quando comparadas aos meninos.

Estudos recentes avaliando áreas cerebrais durante provas de decodificação fonológica mostram que as crianças com dislexia apresentam hipoativação ou baixa ativação metabólica da rede neural do hemisfério cerebral esquerdo nas diferentes tarefas, como leitura de pseudopalavras, reconhecimento de rimas, e estes dados são consistentes nas diversas línguas.

Tem-se observado hipoatividade do córtex parietal, temporal e frontal esquerdo. Neste diapositivo vemos hipoativação dos circuitos posteriores parieto-temporais esquerdo tanto em provas de rimas, comparados ao grupo controle, como no reconhecimento de pseudopalavras.

A reabilitação baseada no treino de habilidades fonológicas, como nos estudos recentes do Grupo do Mezernich e Paula Tallal na Califórnia, mostra um aumento da atividade metabólica de áreas temporoparietais e frontais do hemisfério esquerdo. Observa-se ainda recrutamento de circuitos em áreas homólogas do hemisfério direito e de áreas de modulação emocional e motivacional, como o giro do cíngulo anterior. Nota-se também uma correlação entre a magnitude da ativação e a melhora clínica, sugerindo que tais achados podem num futuro próximo sugerir marcadores neurobiológicos de sucesso na reabilitação. Tais exames atualmente são realizados apenas para pesquisa.

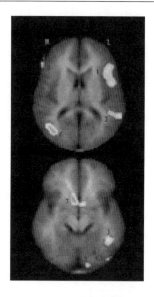

A) Regiões cerebrais mais ativadas antes do tratamento — Sistema compensatório

B) Regiões mais ativadas um ano após o término da intervenção

Regiões cerebrais mais ativadas antes e após a reabilitação

Outro dado interessante, agora dos estudos do casal Shawitz, mostra diferentes padrões de ativação antes da estimulação e um ano após intervenção com treino fonológico. Não são apenas áreas corticais que estão envolvidas na leitura; hoje sabemos da participação de estruturas subcorticais, como o tálamo, e do cerebelo, que estariam relacionados à dificuldade de processamento de informação simultânea, sequenciação temporal e integração destas em sequências abstratas.

Áreas cerebrais e processamento fonológico

- Criança disléxicas — Hipoativação de rede neural hemisfério esquerdo
  Tarefas de rima, pseudopalavras, diferentes níveis, diferentes línguas
- Redução — Giro frontal inferior, parietal, córtex temporal

A análise visual e sua transposição auditiva, a evocação fonológica até a automatização da leitura implica na manipulação de pelo menos duas rotas que envolvem mecanismos neuropsicológicos distintos. A *rota lexical* que faz a decomposição gráfica e visual das palavras e a *rota fonológica*, que faz a conversão de signos ortográficos em fonológicos. Assim, as áreas cerebrais envolvidas neste processo são múltiplas e vão desde as áreas visuais primárias até as áreas temporais de decodificação auditiva, as áreas associativas parietais e as áreas motoras responsáveis pelo controle fonatório.

A hipótese de dominância cerebral atípica, de disfunção parietal (com base nos poucos estudos neuropatológicos que encontram *post mortem* uma proporção de até 40% de displasia cerebral e distúrbios de migração neuronal).

Os modelos estruturais da dislexia baseiam-se nos achados morfológicos em exames de neuroimagem e nos estudos neuropatológicos *post mortem* de indivíduos, sabidamente a criança com dislexia. Assim, é encontrada uma menor assimetria entre os lados direito e esquerdo do cérebro, principalmente em áreas intimamente envolvidas com o processamento da linguagem, como assimetria do *planum temporale*, do lobo parietal e temporal.

O cérebro de Albert Einstein, assumidamente uma criança com dislexia, que ainda hoje é fruto de polêmicas em relação às interações morfologia-função, apresenta menor assimetria direita-esquerda nas áreas parietais.

Ainda em relação aos estudos morfológicos, tem sido descrito que os a crianças com dislexia apresentam alterações na espessura do conjunto de fibras que unem o lado direito e esquerdo do cérebro conhecido como corpo caloso, principalmente em sua porção posterior. Isto poderia explicar-se pela função compensatória ou mesmo pela plasticidade cerebral em indivíduos submetidos à reabilitação cognitiva.

Estudos anatomopatológicos têm mostrado alterações da citoarquitetura neuronal em áreas relacionadas ao lobo frontal e temporal esquerdo, distúrbios que se iniciam a partir do sexto mês de gestação. Tais distúrbios podem ser atribuídos a desvios no processo maturacional com causas múltiplas.

Há descrições na literatura mundial de associações bizarras da dislexia com os níveis da testosterona fetal, explicando-se a prevalência no sexo masculino, e a associação com distúrbios e doenças autoimunes ligadas ao sistema HLA (sistema histocompatibilidade), explicando-se a maior prevalência em familiares de crianças com dislexia de doenças autoimunes. Tais hipóteses podem ser agrupadas nos chamados modelos neurológicos estruturais, ressaltando-se as alterações orgânicas e as assimetrias. O modelo funcional ressalta os fatores ligados à assimetria funcional hemisférica e aos dismaturacionais, que se relacionam à lateralidade, às transposições visuoacústicas e aos diferentes níveis de processamento visual e temporal da informação.

Achados neurofisiológicos

Alguns estudos relacionam a dislexia às modificações dos ritmos elétricos cerebrais. Assim, referem-se a alterações no mapeamento eletrencefalográfico computadorizado e mais recentemente nos potenciais evocados cognitivos. Nos estudos com mapeamento cerebral, há relatos de assimetria dos ritmos alfa durante a estimulação com provas de leitura.

Enquanto nas crianças sem dislexia a leitura pode levar à maior dessincronização de ritmos com aumento da frequência e diminuição da amplitude da faixa alfa, nas crianças com dislexia pode ocorrer alentecimento do alfa posterior. Também foi descrito mais recentemente maior latência dos potenciais evocados cognitivos, como o P300, em crianças com dislexia.

Diagnóstico

A avaliação diagnóstica da dislexia do ponto de vista funcional, no que se refere ao desempenho nas provas de leitura e escrita, deve abranger basicamente três aspectos fundamentais:
- avaliação da escrita alfabética, tipos de erros na escrita e eficiência da leitura;
- identificação da rota preferencial que a criança utiliza para leitura;
- discrepância entre o mal desempenho na leitura quando comparado com o seu desempenho cognitivo.

No entanto, é importante lembrar que a avaliação diagnóstica da dislexia deve envolver um amplo espectro de testes de inteligência padronizados, questionários para escola e familiares, para afastar as causas sensoriais (visuais, auditivas) e secundárias, além de outros problemas neurológicos secundários. Neste sentido, algumas crianças devem submeter-se a exames de neuroimagem, principalmente quando se suspeita de causas lesionais ou progressivas na chamada dislexia secundária, isto é, aquela associada a achados neurológicos positivos na anamnese ou exame neurológico.

Assim, a investigação etiológica é imprescindível nos casos que apresentam dificuldades motoras em provas de coordenação, na presença de antecedentes de traumatismos cranianos, na suspeita de alterações de natureza progressiva e nos casos em que se suspeita de crises epilépticas, como também aqueles com alterações consistentes no eletrencefalograma. Afastada a presença de transtornos neurológicos primários, o diagnóstico deve-se apoiar na discrepância, isto é, na desarmonia entre o desempenho cognitivo, geralmente preservado, e a dificuldade no desempenho em provas de leitura e escrita, principalmente aquelas que envolvem consciência fonológica.

Assim a habilidade de segmentar sílabas ou fonemas, compreender rimas, ler palavras a partir da síntese fonética pode estar muito comprometida mesmo quando a inteligência está preservada ou mesmo em parâmetros de desempenho superior. Nos casos de dislexia, a avaliação cognitiva deve possibilitar a expressão das habilidades não verbais e mesmo dos aspectos sutis da linguagem, como a compreeensão de metáforas e duplo sentido (pragmática) e a entonação melódica das palavras (prosódia).

Os testes de inteligência também devem possibilitar a expressão tanto das habilidades verbais (como a oralidade preservada nas crianças com dislexia) como das habilidades de manipulação visuoespacial (por exemplo, construir quebra-cabeças, rotação de figuras no espaço) e motora. Existem várias baterias neuropsicológicas de testes para avaliação do perfil cognitivo de crianças, sendo a mais conhecida a bateria Weschsler (WISC).

Avaliação da leitura e escrita alfabética

A escrita de natureza alfabética parte das características sonoras das palavras faladas. A descoberta de que as palavras podem ser segmentadas em unidades menores que são as sílabas e que estas são compostas por fonemas, embora se apresentem, no ato de fala, como blocos sonoros unificados, pode ser considerada o ponto de partida para a criação de tal forma de escrita.

Portanto, a habilidade para segmentar as palavras que são pronunciadas como se fossem um contínuo sonoro, chegando ao nível das sílabas e dos fonemas, é uma das capacidades fundamentais para o domínio de uma escrita alfabética.

A análise quantitativa e qualitativa dos erros produzidos por crianças com problemas de aprendizagem, entre elas as disléxicas, pode orientar de modo efetivo o projeto de intervenção a ser realizado no sentido de levar a criança a melhorar sua escrita.

Para que essas crianças possam ser devidamente ajudadas, faz-se necessário compreender a natureza dos erros encontrados, a razão pela qual eles são cometidos, assim como as habilidades que devem ser desenvolvidas para que uma escrita mais eficiente e facilitada possa ter seu lugar.

Os erros de escrita frequentemente encontrados na escrita de crianças com dislexia, ou com outros problemas de aprendizagem, podem ser analisados de maneiras variadas. Pode-se simplesmente contar o número de erros que elas fazem quando escrevem pseudopalavras ou palavras reais regulares ou irregulares, de alta ou baixa frequência (ver Anexo).

A diferença principal em crianças que têm transtornos de aprendizagem pode ser encontrada na velocidade com que as características do sistema de escrita são compreendidas e na profundidade alcançada por tais conhecimentos.

Utilizando os critérios de classificação de erros de escrita propostos por Zorzi (1998), pode-se efetivar uma categorização dos tipos de erros e uma análise mais detalhada de algumas das razões que levam a eles. Eis alguns exemplos presentes na escrita que são comuns nas fases iniciais de alfabetização e não se associam necessariamente à dislexia:

- **Erros por apoio na oralidade:** tais erros representam uma espécie de transcrição fonética da fala: queixo > quexo; comeram > comero.
- **Erros por omissões de letras:** explicação > epicação; compraram > coparo.
- **Erros por confusão entre "am e ão"**: tanque > táoni.
- **Trocas surdas/sonoras**: implicam uma dificuldade no uso das letras que representam pares de fonemas que se diferenciam pelo traço de sonoridade: machucado > majuchato; estudam > ituta.
- **Acréscimo de letras**: amador > aramado.
- **Confusão entre letras parecidas**: cimento > cineto.
- **Inversão de letras**: enxugar > nijucha.
- **Outros erros**: falhas no processamento fonológico e na correspondência fonema-grafema: zelador > velado; falaram > falalo.

Portanto, ao se proceder a um agrupamento de tipos de erros, podem ser reunidos as omissões, as trocas surdas/sonoras, os outros erros e os acréscimos, como ativando, principalmente, aspectos ligados ao procedimento fonológico, mais comum na dislexia.

Ao considerarmos os erros por representações múltiplas, por apoio na oralidade e pelas confusões entre "am" e "ão", estamos nos referindo a aspectos da escrita fortemente dependentes de processamentos de natureza ortográfica. Tais erros podem refletir conhecimentos limitados das convenções da escrita.

O agrupamento de erros em razão do tipo de demanda presente pode gerar uma terceira categoria envolvendo predominantemente aspectos ligados ao processamento visual. Assim, podem ser considerados os erros por inversão de letras (espelhamento ou mudança de posição das letras dentro das palavras) e a confusão entre letras parecidas. Embora esses erros sejam muito referidos como sendo característica típica na escrita de crianças com dislexia, observa-se que, na realidade, a ocorrência destes é muito pouco frequente, estando entre os erros mais raramente encontrados.

A relação existente entre fluência e compreensão na leitura deve ser sempre investigada. Uma destas habilidades em prejuízo pode levar ao mau desempenho na outra. Os disléxicos se restrigem à microestrutura dos textos, criando apenas uma compreensão local, no nível da sentença.

Para o estudo da fluência da leitura, torna-se necessária, além do estudo de práticas contextualizadas de leitura (leitura em contexto), uma abordagem objetiva e eficaz de medição do material lido. Avaliações objetivas de fluência e compreensão são necessárias para estudos e práticas clínicas com base em dados concretos e mensuráveis. O texto a ser oferecido para a avaliação deve ser adequado não somente ao grau de escolaridade do indivíduo, mas também ao seu nível sociocultural e suas práticas de letramento.

Algumas propostas de avaliação sugerem que o material de leitura dever ser lido preferencialmente em voz alta, se possível gravado digitalmente, para posterior análise acústica, perceptiva e quantificação da fluência do texto. Entre os aspectos analisados temos, por exemplo: duração e localização das pausas (pausas contidas dentro das frases e entre as frases); tempo total de elocução: o tempo total de duração do texto em segundos. O conceito de pausa utilizado neste contexto é concebido como um elemento de juntura, demarcando o limite de grupos entonacionais. Há dois tipos de pausas: a silenciosa (correspondente a um silêncio absoluto em enunciados) e a pausa preenchida (correspondente a elementos sonoros que são utilizados para preencher o silêncio, como prolongamentos, murmúrios e elementos do tipo "eh", "hum").

A fluência na leitura pode ser objetivamente medida, e os valores obtidos comparados à população de bons leitores. Por exemplo, a Tabela 1 apresenta os dados obtidos pela correlação dos achados entre as variáveis prosódicas temporais (duração de pausas e taxa de elocução) aos dados obtidos da compreensão do texto lido de acordo com o trabalho de Alves (2007).

Tabela 1
Correlação entre as variáveis prosódicas temporais
e o número de acertos no teste objetivo de leitura

Variáveis	Disléxicos Z	Disléxicos P	Bons leitores Z	Bons leitores P
Duração de pausas	3,39	0,001	2,14	0,033
Taxa de elocução	2,93	0,003	1,72	0,085

Segundo Alves e al. (2009) em pesquisa realizada na cidade de Belo Horizonte, foram estudadas as variáveis prosódicas temporais e dados relativos à compreensão, tanto para crianças sem queixas de alterações de aprendizagem quanto para crianças com dislexia, sendo constatado que a taxa de elocução e a duração de pausas mostraram-se significativas, o que indica que, quanto menor for a duração das pausas e maior for a taxa de elocução, maior é a probabilidade de acerto, ou seja, quanto mais fluente for a leitura, melhor será a sua compreensão (ver Tabela 1).

Para avaliar a compreensão do texto, podem-se fazer questões em relação ao texto.

Exemplo de uma avaliação. Os textos e as perguntas referentes aos textos foram apresentados a escolares em papel A4, digitado com letra Arial, tamanho 16, cor preta, espaço duplo. Cada escolar teve o seu texto para leitura e compreensão. A análise da leitura dos textos foi realizada a partir da contagem dos erros das palavras lidas (exatidão de leitura), tempo total e velocidade de leitura, e medição de palavras por minuto. O número de palavras por minuto foi calculado multiplicando-se o número de palavras do texto por 60 (60 segundos), e esse valor dividido pelo tempo total da leitura em segundos, conforme a seguinte fórmula:

$$\text{Velocidade de leitura} = \frac{\text{Número de palavras do texto} \times 60}{\text{Tempo total de leitura do texto}}$$

As questões dos textos foram analisadas para compreensão a partir da contagem das respostas corretas relacionadas com perguntas sobre o texto, sendo 4 respostas corretas = 100% de acerto = compreensão total, 3 respostas corretas (75%), 2 respostas corretas (50%), 1 resposta correta (25%) = compreensão parcial; nenhuma resposta correta = sem compreensão de leitura.

A partir dos resultados se propõe uma remediação fonológica.

Em um trabalho realizado com 40 escolares de cada série considerados bons leitores (20 da rede pública e 20 da rede particular de ensino) (Ávila et al., 2009), foram observaram diferenças encontradas entre as redes, entendidas como resultantes de maior ou menor oportunidade de exposição a textos escritos. A observação dos valores de taxa e de acurácia de leitura mostrou valores mais elevados nos escolares da rede particular de ensino, maiores distanciamentos foram observados nas terceiras séries, tanto na comparação da leitura de palavras e pseudopalavras isoladas quanto na comparação de leitura de texto.

Melhor desempenho da rede particular também foi encontrado na comparação das quartas séries, mas, apenas para a leitura de itens isolados. Os valores tornaram-se próximos em todas as provas na análise comparativa dos escolares das quintas séries das duas redes, e voltaram a mostrar diferença na comparação dos desempenhos das sextas séries, apenas na leitura de texto, com maiores valores de fluência de leitura da amostra da rede particular. O reconhecimento de palavras, considerado como um processo de baixa ordem, envolve a percepção de unidades gráficas, a associação dessas unidades a representações de segmentos sonoros e a integração desses elementos em componentes mais amplos com a finalidade de formar palavras, o que parece melhorar com a seriação. Nas sextas séries, a nova diferença encontrada pode ser atribuída à maior complexidade dos textos. A Tabela 2 a seguir ilustra os valores encontrados na pesquisa.

Valores reconhecidamente válidos para acurácia e velocidade no desempenho de leitura no nosso país, nas diversas regiões urbanas e rurais, não estão suficientemente documentados e

Tabela 2
Distribuição das médias e desvios-padrão da taxa e acurácia na leitura oral de itens isolados e texto, segundo série e rede de ensino

			Particular 3ª série	Pública 3ª série	Particular 4ª série	Pública 4ª série	Particular 5ª série	Pública 5ª série	Particular 6ª série	Publica 6ª série
Palavras	taxa	média	57,4	38,2	59,4	45,7	55,3	55,8	61,5	60,1
		dp*	10,1	12,4	13,8	9,6	12,3	11,2	14,8	12,9
			P < 0,001**		P0,001*		P0,912		P0,743	
	acurácia	média	52,9	30,5	54,9	40,0	51,2	50,5	59,7	55,9
		dp	10,3	11,8	13,5	10,5	13,3	12,1	14,5	14,1
			P < 0,001*		P < 0,001*		P0,865		P0,397	
Pseudopalavras	taxa	média	40,2	31,1	40,0	34,9	40,7	39,3	40,0	42,9
		dp	8,8	9,9	9,4	6,1	10,8	8,9	5,4	7,3
			P0,003*		P0,047		P0,653		P0,154	
	acurácia	média	30,4	20,0	29,4	24,4	29,3	27,7	32,1	32,8
		dp	8,3	8,9	10,1	7,0	12,1	7,7	3,9	9,5
			P0,001*		P0,076		P0,624		P0,768	
Texto	taxa	média	130,3	99,0	123,2	111,9	111,1	118,5	142,8	126,9
		dp	21,6	26,9	24,5	33,0	18,8	22,1	19,3	21,2
			P < 0,001*		P0,228		P0,262		P0,018*	
	acurácia	média	127,1	96,1	117,9	109,0	108,0	114,7	139,5	124,2
		dp	22,0	27,3	24,6	32,3	19,8	22,2	19,4	21,6
			P < 0,001*		P0,335		P0,321		P0,024	

* "Dp" (desvio-padrão) e também o que significam. ** Nível de significância.

validados em amplos estudos populacionais, sendo que tais trabalhos servem apenas como orientação para complementar a avaliação em moldes qualitativos.

> **Lembrete**
>
> A avaliação diagnóstica deve abranger três aspectos: avaliação da eficiência da leitura e os tipos de erro na escrita; identificação da rota preferencial que a criança utiliza para leitura; discrepância entre o mal desempenho na leitura quando comparado com o seu desmpenho cognitivo.
>
> Além da categorização de erros cometidos, a diferença principal em crianças que têm transtornos de aprendizagem pode ser encontrada na velocidade com que as características do sistema de escrita são compreendidas e na profundidade alcançada por tais conhecimentos.

5
Fluxograma, unidades de processamento, vias e rotas

O processamento linguístico da leitura, no qual, por meio da via não lexical, é feita a conversão grafema-fonema e, pela via lexical, por meio da qual é feita a leitura global da palavra com acesso ao significado, se dá nas áreas associativas do cérebro. A atividade funcional dessas áreas permite que a criança reconheça que há letras que não representam o som da fala, já que a leitura alfabética associa um componente auditivo (fonêmico) a um componente visual (grafema), o que é denominado correspondência grafofonêmica.

É necessária a conscientização da estrutura fonêmica da linguagem (decomposição das palavras) e das unidades auditivas, que são representadas por diferentes grafemas, e envolve diversas regiões cerebrais, entre elas a área parieto-occipital. Na região occipital, o córtex visual primário é o responsável pelo processamento dos símbolos gráficos, e as áreas do lobo parietal são responsáveis pelas questões visuoespaciais da grafia e da leitura. As informações processadas nestas áreas são reconhecidas e decodificadas na área de Wernicke, responsável pela compreensão da linguagem, e a expressão da linguagem escrita envolve a ativação de áreas do córtex motor primário e da área de Broca. Para todo esse processo ocorrer, é importante que as fibras de associação intra-hemisféricas e calosas estejam funcionalmente íntegras.

Os modelos teóricos da neuropsicologia cognitiva que orientam a elaboração dos instrumentos de avaliação aqui descritos são baseados na abordagem teórica de processamento de informação. O termo *processamento* refere-se à transformação de informação, desde um estado inicial, passando por uma série de estágios, até um terminal. Os modelos de processamento de informação descrevem os processos perceptuais, cognitivos e motores, ocorrendo em estágios de entrada, codificação, armazenamento, recuperação, decodificação e saída.

O termo *rotas* refere-se aos diferentes caminhos realizados para a conversão grafêmico-fonêmica, desde a codificação até a emissão articulatória relacionada à leitura, portanto, as rotas dispõem desde unidades de entrada ou decodificação até unidades de saída ou emissão.

A avaliação neuropsicológica da leitura na abordagem de processamento de informação difere da avaliação psicométrica clássica, que busca desenvolver instrumentos padronizados para quantificar o transtorno e situar o paciente em relação ao seu grupo de referência. Difere também da semiológia-diagnóstica, que visa categorizar o quadro (*alexia*) com base nas manifestações clínicas e transtornos associados. Diferentemente desta, a neuropsicologia cognitiva busca ultrapassar a mera descrição dos transtornos para poder chegar à interpretação dos mecanismo a eles subjacentes. Baseando-se em modelos teóricos e na análise dos tipos de erros e sua distribuição relativa, ela procura identificar os mecanismos subjacentes que se encontram lesados.

A abordagem de processamento de informação permite-nos avaliar a integridade e/ou o desenvolvimento de determinadas rotas, unidade de processamento e vias de transmissão. Pode-se analisar o estado de uma determinada rota tomada como um todo ou, mais refinadamente, o estado de seus componentes internos, ou seja, das unidades de processamento de informação e das vias de transmissão dessa informação entre uma e outra unidade daquela mesma rota.

Rotas usadas para a leitura fonológica e lexical

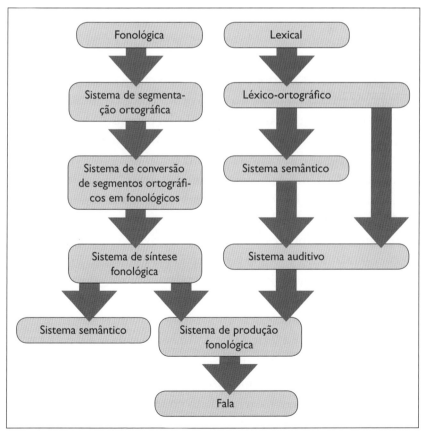

O modelo da figura mostra os processos envolvidos no processamento de informação concernentes à leitura, no que se refere a reconhecimento, pronúncia e compreensão de palavras.

Neste modelo existem duas principais rotas para o processamento da informação escrita. A rota visual ou lexical detecta traços visuográficos das letras, codifica sua ordem e identifica as letras por comparação, resultando deste processo um código visual global de sequências grafêmicas. Uma vez reconhecida, tal rota leva diretamente à compreensão da palavra que passa a compor o léxico, que pode ser armazenado e manipulado mentalmente no sistema cerebral responsável pela chamada memória operacional, até ser pronunciada.

Neste sentido, quando a sequência grafêmica é reconhecida, passa desta ao léxico, acessa o *sistema de ativação das formas ortográficas* ou léxico ortográfico, podendo também acessar o sistema de ativação fonológico ou léxico-fonológico (relacionado à representação mental da sonoridade das palavras), assim como o *léxico semântico* ou sistema de ativação dos significados das palavras. Neste caso, como o sistema semântico é acessado e há ativação das representações semânticas, a rota visual-lexical é chamada rota léxico-semântica, sendo a pronúncia acompanhada de compreensão da leitura. Em contrapartida, se o sistema semântico não for acessado, não haverá ativação das representações semânticas, mas apenas ortográficas e fonológicas. Nesse caso, a rota visual-lexical é chamada de *rota lexical direta*. Nesse sentido, a criança lê a palavra, mas não acessa seu significado diretamente. A rota lexical abriga, portanto, duas sub-rotas: a léxico-semântica e a lexical direta. Ambas permitem ler palavras irregulares, desde que sejam de alta frequência.

Se a sequência grafêmica não for reconhecida, como no caso das chamadas pseudopalavras, ela só poderá ser lida pela rota *fonológica*. Nesse caso, a criança, para acessar, o significado tem de passar tanto pela *sequência ortográfica*, converter *segmentos ortográficos em fonológicos* e fazer a síntese fonológica antes de ser armazenada e manipulada na memória operacional. A rota fonológica permite ler pseudopalavras e palavras novas, desde que as relações grafofonêmicas envolvidas sejam regulares, ou seja, desde que haja correspondências biunívocas entre grafemas e fonemas.

As habilidades de segmentar, manipular e sintetizar sequências de fonemas compõem aquilo que se chama *consciência fonológica*. Como o modelo deixa claro, tais habilidades são muito importantes para permitir a leitura por decodificação fonológica. Isso explica por que procedimentos de treino de consciência fonológica são tão eficazes em melhorar o desempenho de leitura da criança durante a alfabetização.

Um transtorno em qualquer componente destas rotas afeta todas as tarefas que requerem sua participação. Por exemplo, problemas com o *sistema de reconhecimento visual de palavras* leva a dificuldades no reconhecimento de palavras escritas, ocasionando dificuldade no desempenho da leitura silenciosa, bem como no de leitura em voz alta.

As áreas posteriores occipitotemporais estão mais relacionadas com os aspectos da decodificação visual e processamento rápido pela rota lexical, enquanto as áreas parietotemporais analisam as unidades individuais e requerem recursos atencionais mais lentos da rota fonológica.

Especialização hemisférica

Em relação à teoria funcional e dismaturacional da dislexia, um papel predominante é atribuído a uma dominância cerebral atípica. Sabe-se que a partir do sexto para o sétimo ano de vida há uma lateralização das funções linguísticas para o hemisfério esquerdo, o que pode não ocorrer em algumas crianças com dislexias. Tal fato levaria a uma equipotencialidade hemisférica, que explicaria maior frequência de canhotos e ambidestros e dificuldades nas tarefas que envolvem cooperação inter-hemisférica.

Tais achados são reforçados por estudos que utilizam testes de dupla estimulação sensorial com a estimulação dicótica em que estímulos simultâneos são apresentados ao hemisfério direito e esquerdo. Enquanto indivíduos destros e 70% dos canhotos apresentam lateralização hemisférica esquerda para estímulos auditivos verbais, nas crianças com dislexia esta proporção estaria bastante diminuída ou mesmo invertida.

Um outro aspecto que tem sido descrito na dislexia refere-se à disfunção nos chamados sincronizadores temporais da informação sensorial, no qual se postula que não somente o lobo temporal e parietal esquerdo estariam envolvidos, como também o cerebelo.

Tal disfunção nos sincronizadores estaria refletida nas dificuldades de processar informação de sequências temporais, motoras, com dessincronia em provas rítmicas já referidas anteriormente. Tal hipótese fortalece o apoio da reabilitação na consolidação de noções de ritmo/duração, do próprio conceito de tempo enfatizando técnicas que se baseiam em fundamentos que poderiam ser vistos como eminentemente musicais, rítmicos, orientados às mudanças progressivas não dos estímulos da leitura, mas principalmente da velocidade de apresentação dos fonemas e grafemas.

Dislexia e alfabetização

Um outro fator ambiental que influencia a dislexia é o tipo de instrução para a alfabetização que a criança recebe. Embora envolta em polêmicas, sabe-se que dois métodos de alfabetização são especialmente indicados para os indivíduos com dislexia: o método multissensorial e o método fônico. Enquanto o método multissensorial é mais indicado para crianças mais velhas, que já possuem histórico de fracasso escolar, o método fônico é indicado para crianças mais jovens e deve ser introduzido logo no início da alfabetização. Assim, o método multissensorial busca combinar diferentes modalidades sensoriais para promover o ensino da linguagem escrita às crianças.

Ao unir as modalidades auditiva, visual, cinestésica e tátil, esse método facilita a leitura e a escrita ao estabelecer a conexão entre aspectos visuais (a forma ortográfica da palavra), auditivos (a forma fonológica) e cinestésicos (os movimentos necessários para escrever aquela palavra).

Maria Montessori foi uma das precursoras do método multissensorial. Ela defendia a participação ativa da criança durante a aprendizagem, e o movimento era visto como um dos aspectos mais importantes da alfabetização. A criança deveria, por exemplo, traçar a letra enquanto o professor dizia o som correspondente. Assim, era solicitado para as crianças pronunciar em voz alta os nomes das letras enquanto as escrevessem.

Orton deu continuidade ao desenvolvimento de técnicas do método multissensorial, mantendo a associação tríplice visual, auditiva e cinestésica. Propôs uma variação do método multissensorial, em que inicialmente devem ser ensinadas as correspondências entre as letras e seus sons, aumentando as unidades progressivamente para palavras e, somente depois, para frases. Neste procedimento, cada letra deve ser apresentada separadamente e são ensinados, desde o início, seu nome e seu som. Após a apresentação de cada letra, a criança deve traçá-la enquanto diz seu nome, inicialmente com o modelo visual e, depois, sem ele. Após a introdução das letras isoladas, são apresentadas as sílabas simples com sons regulares. Depois, tais sílabas são combinadas de modo a formar palavras. Finalmente, são introduzidas palavras com correspondências irregulares e, em seguida, tais palavras são combinadas em frases.

A principal técnica do método multissensorial é o soletrar oral simultâneo, em que a criança inicialmente vê a palavra escrita, repete a pronúncia da palavra fornecida pelo adulto e a escreve dizendo o nome de cada letra. Ao final, a criança lê novamente a palavra que escreveu. A vantagem desta técnica é fortalecer a conexão entre a leitura e a escrita.

Algumas variantes do método multissensorial trabalham apenas com os sons das letras, e não com seus nomes. A maioria delas parte das unidades mínimas (no nível da letra) para unidades mais complexas (nível da palavra e, depois, da frase).

Apesar de requerer muito tempo de intervenção, o método multissensorial é um dos procedimentos mais eficazes para crianças mais velhas, que apresentam problemas de leitura e escrita há vários anos e que possuem histórico de fracasso escolar. Já, o método fônico tem dois objetivos principais: desenvolver as habilidades metafonológicas e ensinar as correspondências grafofonêmicas. Esse método baseia-se na constatação experimental de que as crianças com dislexia têm dificuldade em discriminar, segmentar e manipular, de forma consciente, os sons da fala. Essa dificuldade, porém, pode ser diminuída significativamente com a introdução de atividades explícitas e sistemáticas de consciência fonológica, durante ou mesmo antes da alfabetização. Ler e escrever são atividades complexas que requerem um treinamento específico e são necessárias instruções sobre a relação entre as letras e os sons para que a criança possa codificar fonograficamente (a partir da fala escrever) e decodificar grafonemicamente (a partir da palavra decodificar o texto e produzir fala). O método fônico evoca a fala, a mesma fala com a qual a criança pensa e se comunica. Por isso é um método muito natural.

Quando associadas ao ensino das correspondências entre letras e sons, as instruções de consciência fonológica têm efeito ainda maior sobre a aquisição de leitura e escrita. Além de ser um procedimento bastante eficaz para a alfabetização de crianças com dislexia, o método fônico também tem se mostrado o mais adequado ao ensino regular de crianças sem distúrbios de leitura e escrita.

Nas diretrizes da British Dyslexia Association para o ensino de crianças com dislexia, é recomendada a inclusão de atividades do método fônico. Os professores são incentivados a desenvolver habilidades de rima, segmentação fonêmica e discriminação de sons, e a ensinar as relações entre as letras e os sons. É interessante observar que tais diretrizes são recomendadas em países de língua inglesa, cuja ortografia tem relações grafofonêmicas bastante irregulares, com correspondências imprevisíveis entre letras e sons.

Logo, se o método fônico é recomendado para o inglês (que é extremamente irregular), certamente ele é ainda muito mais eficaz no português, cujas relações entre letras e sons são bem mais regulares e que, portanto, propicia maior sucesso na aplicação de regras de conversão grafofonêmica. Intervenções com atividades fônicas e metafonológicas (isto é, ensino das correspondências grafofonêmicas e desenvolvimento da consciência fonológica) têm sido conduzidas em diversos países, como Alemanha, Austrália, Canadá, Dinamarca, Estados Unidos, Inglaterra, Noruega e Suécia. Todas essas pesquisas são consistentes em mostrar que a introdução de instruções de consciência fonológica e de correspondências grafofonêmicas facilita a alfabetização, diminuindo a incidência de dificuldades de leitura e escrita.

Diante de tais evidências, o método fônico tem sido recomendado não somente para o ensino da criança com dislexia, mas também para todas as crianças. A Grã-Bretanha, os Estados Unidos e a França, por exemplo, já adotaram as atividades metafonológicas e o ensino das correspondências grafofonêmicas como parte do currículo educacional oficial. As práticas globais tendem a aumentar a discrepância entre as crianças de risco e as crianças com boas habilidades linguísticas. Porém, quando tais práticas são alteradas, passando a enfatizar instruções fônicas explícitas e sistemáticas, essas crianças de risco podem atingir um nível adequado de leitura, superando suas dificuldades na aquisição da linguagem escrita.

Torna-se urgente, portanto, que tais atividades fônicas e metafonológicas sejam incorporadas, tanto pelos professores na própria sala de aula, quanto pelos profissionais da área psicoeducacional em suas atuações clínicas e orientações escolares. Essas atividades, já disponíveis no Brasil, podem ajudar a prevenir e a intervir em dificuldades de aquisição da linguagem escrita.

Além da intervenção que pode ser feita quando o problema de leitura já se manifestou, estudos têm mostrado que é possível intervir de forma preventiva em crianças de risco para a dislexia, de forma a diminuir a gravidade de problemas futuros na alfabetização. Estudos mostram ainda que, quanto maior a idade da criança e, portanto, quanto mais tempo se passa com a dificuldade de leitura e escrita, tanto menores são os efeitos da intervenção.

Intervenções

Os resultados dos estudos envolvendo a dislexia têm importantes implicações sobre os modelos atuais que explicam sua natureza e, também, sugerem a plasticidade dos sistemas neurológicos da leitura em crianças. Do ponto de vista educativo, as implicações são claras: a intervenção parece desempenhar uma ajuda importante para o desenvolvimento dos sistemas neurológicos especializados na leitura eficiente. Os programas com atividades baseadas no processamento fonológico mostram que são efetivos, tanto no âmbito educativo quanto clínico.

Os princípios que fundamentam as intervenções na linguagem visam estimular a descoberta e a utilização do processo natural e lógico do pensamento na construção de palavras e textos e na representação de fonemas.

Tal trabalho tem como objetivo oferecer oportunidades para a escrita e leitura espontâneas; explorar constantemente as diversas funções da escrita (não apenas produção textual, mas também cartas e bilhetes); e explicitar as diferenças entre língua falada e língua escrita. É importante que a criança tenha adequada consciência de que a fala e a escrita são formas diferentes de expressão da linguagem. Nas crianças com dislexia, a intervenção mais apropriada é a que se baseia na estimulação da conversão grafema-fonema (não lexical) com intervenção direta nas habilidades de leitura, associada a atividades relacionadas ao processamento fonológico da linguagem.

Todas as atividades de estimulação da linguagem escrita devem ser realizadas de forma lúdica, principalmente por meio de jogos e brincadeiras, para que a criança sinta prazer em ler e escrever. Neste sentido é útil orientar os pais sobre o papel importante da leitura de histórias infantis, leitura de rótulos e jogos de rimas, estimulando a motivação e não a obrigatoriedade da leitura.

Verificar se a criança não recorda os detalhes do texto ou faz confusões de letras com diferente orientação espacial (b/d); se troca fonemas surdos por sonoros, se tem dificuldades com rimas; se substitui palavras com estruturas semelhantes; se fragmenta incorretamente frases e tem dificuldade para compreender o texto lido, além de apresentar leitura lenta e silabada pode facilitar a seleção das melhores estratégias para cada caso.

Como vimos, crianças com dislexia podem apresentar erros na leitura oral, como omissões, substituições, distorções ou adições de palavras ou partes de palavras; lentidão, vacilações, inversões de palavras em frases ou de letras dentro de palavras. Além do que podem também apresentar déficits na compreensão leitora, caracterizada por incapacidade de recordar o que foi lido, dificuldade de extrair conclusões ou fazer inferências, recorrer aos conhecimentos gerais, mas não recordar detalhes.

Neste sentido o profissional de reabilitação deve empregar uma bateria de testes com fins diagnósticos que abordem aspectos como fonologia (consciência, memória e acesso), letras (nomes e sons), vocabulário (receptivo e expressivo), convenções da palavra impressa, compreensão auditiva e leitura (palavras reais, pseudopalavras e compreensão).

Assim, os enfoques terapêuticos devem ser baseados nos princípios básicos da aprendizagem da leitura, no processo de transformação grafema-fonema e no reconhecimento global da palavra. Primeiramente, a ação terapêutica deve consistir em ajudar as crianças a aprenderem a organizar verbalmente estímulos visuais e auditivos para facilitar sua posterior associação com o significado. Isto implica agrupar os estímulos de acordo com alguma categoria, como, por exemplo, consoantes, sílabas iguais em início de palavras, rimas, mesmo som no meio da palavra, características semânticas etc.

Ao mesmo tempo, deve-se estimular a tomada de uma consciência fonêmica para a decodificação e de uma consciência ortográfica que corrija lapsos visuais. Este enfoque tem como objetivo integrar o reconhecimento dos sons e signos ortográficos, com a busca de significados verbais de maior amplitude para facilitar a compreensão do texto.

Para crianças que ainda não iniciaram o processo de aquisição do código escrito, o tratamento procura desenvolver áreas sensório-motoras da criança, a fim de que ela adquira os elementos necessários para o código escrito. Esta terapia inclui o desenvolvimento de funções complexas, como as gnosias, as praxias, o ritmo, a coordenação visuomotora, e a decodificação fonológica. O emprego de métodos fonológicos para prevenir ou remediar a dislexia tem se tornado, nos últimos anos, o pilar fundamental do tratamento. O trabalho baseia-se principalmente no domínio fonológico, que permita à criança detectar fonemas (*input*), pensar sobre eles (*performance*) e utilizá-los para construir palavras e sentenças. A dislexia implica uma abordagem mediante uma estratégia psicopedagógica destinada a estabelecer nexos entre a recepção do estímulo e sua incorporação ao léxico. O trabalho integrado da consciência fonológica pode ser um eficiente método para melhorar as habilidades de consciência fonológica, produção de fala e desenvolvimento das habilidades de leitura.

Há na literatura um cronograma de tratamento por ordem de complexidade como sugestão a ser seguida:

- **Estrutura silábica das palavras**: síntese silábica; análise silábica.
- **Identificação de sílabas**: segundo sua posição; segundo sua natureza.
- **Comparação de sílabas**: segundo sua posição; segundo sua natureza.
- **Recombinação fonológica**: omissão de sílaba final; omissão de sílaba inicial; omissão de sílaba central; inversão de sílabas; adição de sílaba final; adição de sílaba inicial.

A estimulação por meio de canto, conversa, brincadeiras e leitura propicia a aquisição de habilidades que favorecem o desenvolvimento da motivação para tais atividades, o que se chama de intenção comunicativa (pela fala serão conseguidos objetos de interesse da criança).

As práticas globais de alfabetização tendem a aumentar a discrepância entre as crianças de risco e as crianças com boas habilidades linguísticas. Porém, quando tais práticas são alteradas, passando a enfatizar instruções fônicas explícitas e sistemáticas, crianças de risco podem atingir um nível adequado de leitura, superando suas dificuldade na aquisição da linguagem escrita.

É importante que as atividades fônicas e metafonológicas sejam incorporadas, tanto pelos professores na própria sala de aula, quanto pelos profissionais da área psicoeducacional em suas atuações clínicas e orientações escolares. Estas atividades, já disponíveis no Brasil, podem ajudar a prevenir e a intervir em dificuldades de aquisição da linguagem escrita.

Terapia do processamento ortográfico

A automatização da leitura e escrita requer paciência e prática para se tornarem fluentes. Neste sentido é necessário que se preste atenção consciente nos processos de decodificação e codificação dos fonemas, sílabas e palavras, possibilitando que a criança se concentre em outros níveis de pensamento de nível mais hierárquico de categorização (como conceitos mais simbólicos e abstratos). É importante o reconhecimento automático das palavras escritas para uma boa velocidade e compreensão do que se lê. Isso significa que a criança precisa adquirir e dominar o código gráfico da língua para ter uma boa leitura, ou uma leitura proficiente. E esse processamento ortográfico da linguagem escrita depende da experiência de ler palavras, fazendo associações morfossintáticas e semânticas.

Os indivíduos com transtornos de leitura e escrita têm, em geral, muita dificuldade de processamento ortográfico, apresentando muitas trocas, omissões e/ou inversões de letras na escrita e na leitura pouco fluente.

Os transtornos de leitura e escrita estão relacionados com a dificuldade apresentada por algumas crianças em compreender o relacionamento entre as letras e os sons que elas representam, ou, mais especificamente, o domínio do princípio alfabético da escrita.

A estimulação deste processamento ortográfico, portanto, parte da estimulação da consciência fonológica e da associação grafema-fonema, levando o paciente a refletir sobre os ambientes das letras nas palavras, auxiliando pelo apoio da pronúncia da palavra escrita, por meio da combinação simultânea de estimulação visual e auditiva da palavra.

Conclusão

Avanços na compreensão da neurobiologia dos processos de desenvolvimento da linguagem e aprendizagem contribuem para uma melhoria na abordagem terapêutica de crianças com dislexia, na medida em que a sistemática da investigação em busca do diagnóstico preciso pode direcionar o profissional de saúde e educação na escolha do melhor tratamento indicado para cada caso.

Analisando-se a incidência de dificuldades relacionadas à aquisição da leitura e da escrita, pode-se constatar que de 5% a 10% das crianças em idade escolar apresentam dificuldades para aprender a ler, inclusive quando possuem uma inteligência normal, com um meio ambiental adequado e metodologia escolar adequada à idade e competências linguísticas.

No Brasil, existem mais de 10 milhões de crianças com dificuldades de aprendizagem, sendo que muitas delas são crianças com dislexia não identificadas, contribuindo para as altas taxas de evasão ou repetência, ou seja, fracasso escolar. Se passarmos a identificar tais crianças precocemente, podemos estabelecer uma reabilitação mais eficiente e precoce. Assim, o sistema de ciclos garantindo a aprovação nos primeiros anos do ensino fundamental faz com que muitas crianças sejam identificadas após dois, três ou mesmo quatro anos da fase ideal do ponto de vista neurológico. Então está se perdendo o que é mais precioso para o desenvolvimento humano: a janela de desenvolvimento da linguagem na criança que é maior antes dos 6 anos de vida.

Decodificar a leitura é converter os grafemas em fonemas e aprender a pronunciar a palavra em presença da escrita. Quando pensamos em palavras, usamos nossa voz interna. Quando lemos em voz baixa, escutamos nossa voz. Isto é o processo fônico: a invocação da fala interna em presença do texto.

A forma correta de estimular a leitura e a escrita é aprender a decodificar. Quando fazemos isso, naturalmente se consegue produzir a fala e entender o que se está lendo. A literatura especializada é unânime em afirmar que o déficit encontra-se no sistema linguístico, mais precisamente relacionado a alterações em habilidades de consciência fonológica.

A escrita é uma forma de mediação linguística que implica a habilidade de compreender ideias e conceitos e transmitir mensagens, possibilitando ao indivíduo interagir com o mundo no qual está inserido. Contudo, a linguagem escrita requer instrução para ser adquirida, mesmo que se considere, nos dias de hoje, que a noção da escrita já é intrínseca na criança quando esta ingressa na escola.

O leitor deve captar as correspondências que existem entre os sons da linguagem (fonemas) e os símbolos visuais que são usados para representá-los (grafemas). Essa habilidade é requisitada, principalmente, durante o período da aprendizagem da leitura, mas também mais tarde, quando a criança deverá ler palavras desconhecidas (que não fazem parte do seu léxico) e pseudopalavras. A rota fonológica utiliza o processo de conversão grafema-fonema, envolvendo a pronúncia de palavras não familiares e pseudopalavras, traduzindo letras ou sequências de letras em fonemas.

Na fase alfabética, a criança torna-se capaz de conhecer o valor sonoro convencional de algumas ou de todas as letras, conseguindo juntá-las para formar sílabas e palavras. Entretanto, apesar de dominar as convenções fonema-grafema, tal como são regidas pelo sistema de escrita alfabético, o indivíduo não conhece a escrita correta das palavras, defrontando-se então com as dificuldades ortográficas.

Há necessidade de se considerar a aquisição da grafia correta como resultado de um processo que envolve a reflexão sobre diferentes aspectos da língua e não apenas de treino e memorização. A criança necessita utilizar diversas informações linguísticas para aperfeiçoar sua escrita alfabética, compreendendo primeiramente que as grafias são geradas por uma sequência fonológica, que precisam também de informações morfológicas e sintáticas. E isto é válido tanto para crianças com ou sem dislexia.

É importante ressaltar que o bom e o mau prognóstico da dislexia não depende apenas de fatores biológicos e neurológicos mas do diagnóstico precoce, e consequentemente, da instituição precoce da reabilitação. Isso irá permitir maior integração da criança com a escola, facilitando a aceitação e inserção social da criança com dificuldade de leitura e escrita.

No ambulatório de Distúrbios de Aprendizagem do Núcleo de Atendimento Neuropsicológico Interdisciplinbar Infantil (NANI) da Unifesp, tem-se observado que o desempenho neuropsicológico de crianças com dislexia não se relaciona apenas com a dificuldade da tarefa pelo comprimento das palavras, pelo acesso fonológico mais demorado, mas também com processos neuropsicológicos mais amplos, como a manipulação temporária da informação verbal que denominamos memória operacional.

A consciência fonológica e as funções executivas relacionadas ao acesso, manipulação e autorregulação da fluência fonológica e semântica encontram-se prejudicadas nas crianças com dislexia, afetando o desempenho cognitivo verbal de maneira mais global. Atualmente, estamos desenvolvendo por meio de um projeto multidisciplinar — Grupo GeNen (Grupo de Estudo em Neurodesenvolvimento e Neuroimagem) — um estudo morfológico (volumétrico) da Ressonância Nuclear Magnética do Crânio, uma avaliação funcional pela Espectroscopia e dos padrões de comunicação inter-hemisférica e plasticidade no estudo dos tratos comissurais pela tratografia.

Estes dados irão ser comparados em crianças com desenvolvimento típico, crianças com TDAH e lesões cerebrais localizadas. Acreditamos que uma melhor compreensão das bases neurobiológicas da dislexia pode também fundamentar as bases estruturais e funcionais do processo de reabilitação das mudanças durante as várias fases do neurodesenvolvimento. Pode também contribuir para o encontro de marcadores funcionais e na detecção precoce de pré-escolares de risco para transtorno de linguagem.

Dessa forma, o avanço de tecnologias pode contribuir tanto para um diagnóstico precoce quanto para a reabilitação, facilitando a seleção das estratégias mais efetivas para potencializar rotas residuais.

Para finalizar, é essencial reconhecer que as bases neurobiológicas da dislexia já estão bem estabelecidas em todo o mundo, e assumir posições extremistas, irracionais, considerando que não existe a dislexia, mas apenas dificuldades de ordem geral socioeconômicas, pedagógicas e institucionais para explicar os maus leitores, é um grande desserviço para a comunidade tão carente de atenção, e de leis adequadas de adaptação e capacitação profissional necessárias, tanto para reconhecer como para implementar estratégias efetivas e precoces de reabilitação. Tal postura centrada na ideologização do conhecimento, no reducionismo obscurantista protegido pela bandeira irracionalista contra a medicalização dos problemas de saúde, deve ser combatida com conhecimento e capacitação. Identificar a dislexia é também prover as escolas de condições ideais para a adaptação curricular, recursos de reforço pedagógico para as crianças com dificuldade de leitura e escrita, mobilizando a sociedade como um todo para facilitar a aprovação de leis que auxiliem nossas crianças a enfrentarem seus desafios pedagógicos e humanos com maior dignidade e autoestima. Um dos maiores indicadores de mau prognóstico da dislexia é o estigma que acompanha o seu não reconhecimento pela sociedade. Um estigma que deve ser combatido com informação para que as crianças inteligentes e criativas não fiquem à margem do processo de socialização através da educação e da cultura.

Dicas para pais e professores

A escola tem papel fundamental no trabalho com os alunos que apresentam dificuldades de linguagem

Destacamos algumas sugestões que consideramos importantes para que o aluno se sinta seguro, querido e aceito pelo professor e pelos colegas.

- A criança com dislexia tem uma história de fracassos e cobranças que a faz se sentir incapaz. Motivá-la exigirá de nós mais esforço e disponibilidade do que dispensamos aos demais.
- Não receie que seu apoio ou atenção vá acomodar o aluno ou fazê-lo sentir-se menos responsável. Depois de tantos insucessos e autoestima rebaixada, ele tende a demorar mais a reagir para acreditar nele mesmo.

Melhorando a autoestima

- Incentive o aluno a restaurar a confiança em si próprio, valorizando o que ele gosta e faz benfeito.

- Interesse-se pela criança com dislexia e pelas suas dificuldades e especificidades, e deixe que ela perceba esse interesse, para que sinta confortável em pedir ajuda.
- Ressalte os acertos, ainda que pequenos, e não enfatize os erros.
- Elogie de forma verdadeira, o que a criança com dislexia fizer ou disser bem, dando-lhe a oportunidade de "brilhar".
- Nunca partir do pressuposto de que o aluno com dislexia é preguiçoso ou descuidado.
- Valorize o esforço e o interesse do aluno.
- Atribua-lhe tarefas que o façam se sentir útil.
- Evite usar a expressão "tente esforçar-se" ou outras semelhantes, pois o que ele faz é o que é capaz de fazer no momento.
- Fale francamente sobre suas dificuldades sem, porém, fazê-lo sentir-se incapaz, mas auxiliando-o a superá-las.
- Respeite o seu ritmo, pois a criança com dificuldade de linguagem tem problemas de processamento da informação. Ela precisa de mais tempo para pensar, para dar sentido ao que ela viu e ouviu.
- Um professor pode elevar a autoestima de um aluno estando interessado nele como pessoa.

Nós não aprendemos pelo fracasso, mas pelos sucessos

Como qualquer criança, aquelas com dislexia necessitam de apoio dos pais. Não só para a satisfação de suas necessidades imediatas e físicas, mas também para ajudar a criar mecanismos para ultrapassar as suas dificuldades. Usar exercícios criativos que envolvam a memória, tais como recitar poemas infantis em conjunto, ler poemas, utilizar mímica, teatro, falar de imagens, utilizar a ação, os jogos de tabuleiro, jogar a pares, aplaudir as sílabas e cantar músicas pode ser muito útil.

Dicas para os pais

- Incentive a prática de atividades lúdicas e artísticas, como dança, pintura ou outra que a criança se sinta inclinada.
- Eleve a autoestima de seu filho (ajude-o a vivenciar o sucesso, encoraje-o a ser voluntário, desenvolva suas habilidades, deixe seu filho tomar decisões, dê responsabilidades a ele, ofereça respeito, escute seu filho, faça-o ter opiniões positivas sobre si mesmo).
- Incentive o gosto pela leitura, usando a linguagem dos livros — as imagens, as palavras e as letras — para perceber que eles podem ser analisados, lidos e desfrutados, várias vezes, sem conta.
- Mostre como segurar um livro, de que forma ele abre, onde começa a história, onde é o topo da página e em que direção segue o texto e ajude-o a apreciar as imagens.
- Promova o aspecto cultural: visitar museus, assistir a peças de teatro ou musicais, conhecer outras cidades é extremamente facilitador.
- Ajude a criança com dislexia a aprender a seguir instruções, por exemplo, "por favor, pegue o lápis e coloque-o na caixa", e fazer gradualmente sequências mais longas, como, "vá à prateleira, encontre a caixa vermelha, traga-a para mim". Incentive a criança a repetir a instrução antes de realizá-la.
- Ajude seu filho a identificar os professores que mais irão apoiá-lo. Um professor pode estar disposto a ficar ao

lado de uma criança na aula e, calmamente, ajudá-la a ler em voz alta.
- Recrute o auxílio dos professores e demais profissionais.
- Programe reuniões regulares com os professores de seu filho para monitorar o progresso dele e discutir preocupações.
- Use o *e-mail* para se comunicar com os professores quando conversas pessoais ou por telefone não forem possíveis.
- Ofereça-se para atividades escolares, tanto quanto possível. Seja acompanhante de viagem ou voluntário como mãe ou pai da classe. Isso ajuda a desenvolver sua relação com os professores.
- Organize-se. As sessões de estudo que começam com uma meta específica são mais eficientes. "Vamos rever cinco fatos a respeito da guerra civil, esta noite", em vez de: "Vamos rever a época da guerra civil".
- Faça-o começar a estudar com bastante antecedência.
- Faça com que estude "do começo ao fim". É mais fácil compreender conceitos bem organizados. Comece com a ideia principal e passe para os detalhes.
- Evite matéria nova na noite anterior à prova. Reforce o que seu filho sabe em vez de introduzir novos conceitos.
- Ajude seu filho a escrever um resumo dos tópicos; isso pode ajudá-lo a se lembrar da matéria.
- Garanta que seu filho durma bem.

Monitorando as atividades

- Certifique-se de que as tarefas de casa foram compreendidas e anotadas corretamente.

- Na sala de aula, posicione o aluno com dislexia perto do professor, para que ele receba ajuda facilmente.
- Certifique-se de que seu aluno possa ler e compreender o enunciado ou a questão. Caso contrário, leia as instruções para ele.
- Repita as novas informações e verifique se foram compreendidas.
- Leve em conta as dificuldades específicas do aluno e as dificuldades da nossa língua quando corrigir os deveres.
- Estimule a expressão verbal do aluno.
- Dê instruções e orientações curtas e simples que evitem confusões.
- Dê "dicas" específicas de como o aluno pode aprender ou estudar a sua disciplina.
- Dê o tempo suficiente para o trabalho ser organizado e concluído.
- Ensine métodos e práticas de estudo.
- Encoraje as práticas da sequência de verbo/observar, depois tape, depois escrever e depois verificar, utilizando a memória.
- Ensine as regras ortográficas.
- Permita tempo suficiente para treinar competências fonológicas.
- Pratique competência em termos de memorização.
- Pratique soletração.
- Tenha sempre em mente que alunos com dislexia se cansam rapidamente.
- Não sobrecarregar com trabalhos de casa.
- Crie um horário visual com símbolos e palavras que ajudem o aluno com dislexia a ter confiança no seu dia a dia.

- Oriente o aluno sobre como organizar-se no tempo e no espaço.
- Não insista em exercícios de fixação repetitivos e numerosos, pois isso não diminui a sua dificuldade.
- Dê explicações de "como fazer" sempre que possível, posicionando-se ao lado do aluno.
- Utilize o computador, mas certifique-se de que o programa é adequado ao nível do aluno. Crianças com dificuldade de linguagem são mais sensíveis às críticas, e o computador, quando usado com programas que emitem sons estranhos cada vez que a criança erra, só reforçará as ideias negativas que ela tem de si mesma e aumentará sua ansiedade.
- Incentivar o uso do corretor ortográfico de um processamento de texto.
- Permitir a apresentação de trabalhos de forma criativa, variada e diferentes gráficos, diagramas, processamento de texto, vídeo, áudio etc.
- Permita o uso de gravador.
- Utilize livros com versão em áudio.
- Deixe o aluno ler aos poucos, programando intervalos frequentes.
- Dê a ele tempo suficiente, pois ele precisa de mais tempo para ler e reler o material.
- Nunca faça comparações com o resto da turma.
- Não corrija todos os seus erros (evite o uso da cor vermelha, para que os erros não fiquem tão evidentes.
- Não insista na reformulação, a menos que exista um propósito claro.
- Incentive a participação em trabalhos práticos

- Esquematize o conteúdo das aulas quando o assunto for muito difícil para o aluno. Assim, o(a) professor(a) terá a garantia de que ele está adquirindo os principais conceitos da matéria através de esquemas claros e didáticos.
- "Uma imagem vale mais que mil palavras": demonstrações e filmes podem ser utilizados para enfatizar as aulas, variar as estratégias e motivar a criança. Auxiliam na integração da modalidade auditiva e visual, e a discussão em sala que se segue auxilia o aluno a organizar a informação.
- Estimule o uso de anotações em papéis autoadesivos: o aluno pode colar papéis nas páginas que relatam as partes importantes da história para identificá-las e facilitar sua busca de referências.
- Estimule a assistir a um filme inspirado em um livro.
- Faça uma lista dos novos personagens à medida que aparecem no livro escolhido. Faça com que ele anote fatos pertinentes sobre cada um e o número da página onde apareceu pela primeira vez.
- Discuta com seu aluno a trama e os novos personagens.
- Explique o significado de palavras novas.
- Oriente o aluno a utilizar um pedaço de cartolina ou um marcador de páginas para bloquear linhas enquanto lê. Isso é especialmente útil para o aluno não se perder e reduzir distrações.
- Antes de ler, diga para o aluno o que está por vir.
- Se o material a ser lido tiver um resumo no final, leia-o primeiro. Isso dá uma visão geral e uma estrutura para o conteúdo detalhado.
- Faça uma breve discussão antes da leitura. Antecipe perguntas sobre o conteúdo. Leia o texto para responder a essas perguntas, parando para fazê-lo resumidamente.

- Se o aluno compreende melhor pela audição, faça-o gravar um resumo das passagens lidas em uma fita. Isso vai fornecer um resumo contínuo do material, que pode ser revisado regularmente.
- Explique o significado de palavras novas, discuta a trama e os personagens das histórias.
- Ajude a criar uma caixa de palavras: recorte figuras de revistas que representem as palavras que o aluno deve aprender. Ponha etiqueta nas figuras e peça a ele para verificar as ilustrações e as palavras diariamente. Isso vai fornecer indícios visuais que ajudam a motivar a memória.
- Estimule o tato: peça para o aluno escrever palavras em um tabuleiro de areia, fazer letras com argila e em cartolina.
- Estimule-o a escrever palavras no ar.
- Não insista para que o aluno leia em voz alta perante a turma, pois ele tem consciência de seus erros. A maioria dos textos de seu nível é difícil para ele.
- A criança com dislexia pode ser bem-sucedida em uma classe regular. O sucesso dependerá do cuidado em relação à sua leitura e das estratégias usadas.

Ferramentas para a matemática

- Permita-o usar, em alguns casos, a calculadora para verificar os problemas de matemática, porque ela fornece duas modalidades: visão e tato.
- Pratique exercícios de matemática em pequenas doses.
- Faça-o decorar pequenos grupos de operações por vez, por exemplo, cinco ou seis conjuntos de números. Não sobrecarregue o aluno com muita informação.

- Ensine as duas ordens para facilitar a compreensão da operação: 4 + 5 e 5 + 4.
- A aprendizagem multissensorial da matemática é melhor. Sempre que possível, utilize manipuladores (materiais de aprendizagem usados com as mãos, como bolinhas de gude ou moedas) e jogos que ajudem a aprender.
- Use grades para alinhar as colunas de números.
- Certifique-se da compreensão do conceito, não apenas na memorização decorada.
- Ajude o aluno com enunciados e a dividir a tarefa em partes menores.

Avaliação

- As crianças com dificuldade de linguagem têm problemas com testes e provas:
    - Em geral, não conseguem ler todas as palavras das questões do teste e não estão certas sobre o que está sendo solicitado.
    - Elas têm dificuldade de escrever as respostas.
    - Sua escrita é lenta, e não conseguem terminar dentro do tempo estipulado.
- Recomendamos que, ao elaborar, aplicar e corrigir as avaliações do aluno com dislexia, especialmente as realizadas em sala de aula, sejam adotados os seguintes procedimentos:
    - Leia as questões/problemas junto com o aluno, de maneira que ele entenda o que está sendo perguntado.
    - Explicite sua disponibilidade para esclarecer-lhe eventuais dúvidas sobre o que está sendo perguntado.

- Dê-lhe tempo necessário para fazer a prova com calma.
- Ao recolhê-la, verifique as respostas e, caso seja necessário, confirme com o aluno o que ele quis dizer com o que escreveu, anotando sua(s) resposta(s).
- Ao corrigi-la, valorize ao máximo a produção do aluno, pois frases aparentemente sem sentido e palavras incompletas ou gramaticalmente erradas não representam conceitos ou informações erradas.
- Você pode e deve realizar avaliações orais como forma principal ou complementar de avaliação.
- Você pode sempre ter em mente que nas redações o conteúdo deve ser valorizado, mas em alguns casos, se for necessário, dê duas notas separadas na redação: uma pela ortografia e outra pelo conteúdo, valorizando (maior peso) sempre o conteúdo.
- Arrume as listas de palavras por ordem de assunto ou de prefixo similares, por exemplo.
- No caso de línguas estrangeiras, dar ênfase para alfabetização inicial na língua materna, dando preferência para a oralidade; evite cobrar erros ortográficos até a fluência e automatização da língua materna.

Se a criança com dislexia não pode aprender do jeito que ensinamos, temos que ensinar do jeito que ela aprende.

O que você não deve deixar de ler:

AMERICAN PSYCHIATRY ASSOCIATION. DSM-IV. *Manual diagnóstico e estatístico de transtornos mentais*. 4. ed. Porto Alegre: Artes Médicas, 1995.

BARBOSA, T. et al. *Temas em dislexia*. Porto Alegre: Artes Médicas, 2009.

MELLO C. B.; MIRANDA, M. C.; MUSZKAT, M. *Neuropsicologia do desenvolvimento*: conceitos e abordagens. São Paulo: Memnon Edições Científicas, 2006.

MONTIEL, J. M.; CAPOVILLA, F. C. *Atualização em transtornos de aprendizagem*. Porto Alegre: Artes Médicas, 2009.

MUSZKAT, M.; MELLO, C. B. *Neuropsicologia do desenvolvimento e suas interfaces*. São Paulo: All Print Editora, 2010.

ROTTA, N. T.; OHLWEILER, L.; RIESGO, R. dos S. (Ed.). *Transtornos da aprendizagem*: abordagem neurobiológica e multidisciplinar. Porto Alegre: Artmed, 2006.

SANTOS, M. T. M. dos; NAVAS, A. L. G. P. (Ed.). *Distúrbios de leitura e escrita*: teoria e prática. Barueri: Manole, 2002.

Anexo

Palavras de baixa frequência

REGULAR	IRREGULAR	REGRA
1. Isca	6. Boxe	11. Nora
2. Malha	7. Luzes	12. Vejam
3. Olhava	8. Gemido	13. Inglês
4. Chegada	9. Higiene	14. Receita
5. Medalha	10. Cigarro	15. Quietos

Palavras de alta frequência

REGULAR	IRREGULAR	REGRA
1. Duas	6. Hoje	11. Gato
2. Chuva	7. Feliz	12. Papel
3. Depois	8. Amanhã	13. Gostou
4. Sílabas	9. Fazendo	14. Escreva
5. Palavras	10. Dezena	15. Pássaros

Pseudopalavras

REGULAR	IRREGULAR	REGRA
1. Puas	6. Himo	11. Gavo
2. Chuda	7. Saliz	12. Nabel
3. Pelois	8. Atanhã	13. Vestou
4. Vidacas	9. Razenco	14. Estreca
5. Posdava	10. Xeribe	15. Tavinha

Referências bibliográficas

ALVES, L. M. *A prosódia na leitura de crianças disléxicas*. Tese (Doutorado em Linguística) — Faculdade de Letras da Universidade Federal de Minas Gerais, Belo Horizonte, 2002.

ALVES L. M.; REIS C. A. C.; PINHEIRO A. M. V.; CAPELLINI, S. A. Aspectos prosódicos temporais da leitura de escolares com dislexia do desenvolvimento. *Revista da Sociedade Brasileira de Fonoaudiologia*, São Paulo, 14, v. 2, p. 197-204, 2009.

ARTIGAS, J. Disfunción cognitiva en la dislexia. *Rev. Neurol. Clin.*, n. 1, p. 115-24, 2000.

ÁVILA, C. R. B. et al. Parâmetros de fluência e compreensão de leitura. In: BARBOSA, A. S. B. T. et al. (Ed.). *Temas em dislexia*. Porto Alegre: Artes Médicas, 2009. p. 73-88.

BALL, E. W.; BLACHMAN, B. A. Does phoneme awareness training in kindergarten make a difference in early word recognition and developmental spelling? *Reading Research Quarterly*, n. 26, p. 49-66, 1991.

BARBOSA, T. et al. *Temas em dislexia*: neurodesenvolvimento e linguagem. Porto Alegre: Artes Médicas, 2009.

BARRERA, S. D.; MALUF, M. R. Consciência metalinguística e alfabetização: um estudo com crianças da primeira série do ensino fundamental. *Psicol. Reflex. Crít.*, v. 16, n. 3, p. 491-502, 2003.

BECKER, F. Modelos pedagógicos e modelos epistemológicos. In: SILVA, L. H.; AZEVEDO, C. J. *Paixão de aprender II*. Petrópolis: Vozes, 1995.

BRADY, S. et al. *Annals of dyslexia* — An Interdisciplinary Journal of the International Dyslexia Association, n. 53, 2003.

BORSTROM, I.; ELBRO, C. Prevention of dyslexia in kindergarten: effects of phoneme awareness training with children of dyslexics parents. In: HULME, C.; SNOWLING, M. *Dyslexia*: biology, cognition and intervention. Londres: Whurr Publishers, 1997. p. 235-253.

BOTTING, N.; CONTI-RAMSDEN, G. Autism, primary pragmatic difficulties, and specific language impairment: can we distinguish them using psycholinguistic markers? *Dev. Med. Child Neurol.*, v. 45, n. 8, p. 515-24, 2003.

BREIER, J. I. et al. Auditory temporal processing in children with specific reading disability with and without attention deficit/hiperactivity disorder. *J. Speech Lang. Hear Res.*, v. 46, n. 1, p. 31-42, 2003.

BYRNE, B.; FIELDING-BARNSLEY, R. Phonetic awareness and letter knowledge in the child's acquisition of the alphabetic principle. *J. Educ. Psychol.*, n. 81, p. 313-21, 1989.

CAMPOS-CASTELLÓ, J. Epilepsia y transtornos del lenguaje. *Rev. Neurol.*, n. 30, p. 89-94, supl. 1, 2000.

CAPELLINI S. A. Transtornos de aprendizagem versus dislexia. In: FERREIRA, L. P.; BEFI-LOPES, D. M.; LIMONGI, S. C. O. *Tratado de fonoaudiologia*. São Paulo: Roca, 2004. p. 862-76.

CAPOVILLA A. G. S. Compreendendo a dislexia: definição, avaliação e intervenção. *Cadernos de Psicopedagogia*, v. 1, n. 2, p. 36-59, 2002.

_____ et al. Formação de interlocutores para a construção da linguagem escrita: manual de orientação a pais e professores de crianças com dificuldades escolares. *Temas sobre Desenvolvimento*, v. 9, n. 50, p. 33-9, 2000.

_____ et al. Efeitos do treino de consciência fonológica em crianças de baixo nível socioeconômico. *Psicologia, Reflexão e Crítica* v. 13, n. 1, p. 7-24, 2000.

CAPOVILLA A. G. S. et al. *Alfabetização*: método fônico. São Paulo: Memnon, 2004.

_____ et al. *Alfabetização fônica computadorizada*. São Paulo: Memnon, 2005.

_____ et al. Desenvolvimento dos componentes da consciência fonológica no ensino fundamental e correlação com nota escolar. *PsicoUSF*, v. 12, n. 1, p. 55-64, 2007.

CAPUTTE, A. J.; ACCARDO, P. J. Language assessment. In: _____ (Ed.). *Developmental and disabilities in infancy and childhood*. Baltimore: Paul H. Brookes Publishing, 1991. p. 165-79.

CARVALHAIS, L. S. A.; SILVA, C. Consequências sociais e emocionais da dislexia de desenvolvimento: um estudo de caso. *Psicol. Esc. Educ.*, v. 11, n. 1, p. 21-9, 2007.

CASAS-FERNÁNDEZ, C. Lenguaje y epilepsia. *Rev. Neurol. Clin.*, n. 1, p. 103-114, 2000.

CASTAÑO, J. Bases neurobiológicas del lenguaje y sus alteraciones. *Rev. Neurol.*, v. 36, n. 8, p. 781-5, 2003.

CERVERA-MÉRIDA. J. F.; YGUAL-FERNÁNDEZ, A. Intervención logopédica en los transtornos fonológicos desde el paradigma psicolinguístico del procesamiento del habla. *Rev. Neurol.*, n. 36, p. 39-53, supl. 1, 2003.

CIASCA, A. S. Transtornos e dificuldades de aprendizagem: diagnóstico através de bateria Lúria Nebraska para crianças — BLN-C. In: DAMASCENO, B. P.; COUTRY, M. I. *Temas em neuropsicologia e neurolinguística*. São Paulo: TecArt, 1995.

COSTA, D. I. et al. Avaliação do desenvolvimento neuropsicomotor. In: NUNES, M. L.; MARRONE, A. C. H. *Semiologia neurológica*. Porto Alegre: Edipuc-RS, 2002. p. 351-360.

DÉMONT, E. Consciência fonológica, consciência sintática: que papel (ou papéis) desempenha na linguagem eficaz da leitura. In: GREGÓIRE, J.; PIÉRART, B. *Avaliação dos problemas de leitura*: os novos modelos teóricos e suas implicações diagnósticas. Porto Alegre: Artes Médicas, 1997.

DOWNIE, A. L. et al. Periventricular brain injury, visual motion processing, and reading and spelling abilities in children who were extremely low birthweight. *J. Int. Neuropsychol. Soc.*, v. 9, n. 3, p. 440-9, 2003.

ETCHEPAREBORDA, M. C. Abordaje neurocognitivo y farmacológico de los trastornos específicos de aprendizaje. *Rev. Neurol.*, v. 28, n. 2, p. 81-93, 1999.

_____. Detección precoz de la dislexia y enfoque terapéutico. *Rev. Neurol.*, n. 34, p.13-23, p. supl. 1, 2002.

_____. La intervención em los trastornos a criança com dislexias: entrenamiento de la conciencia fonológica. *Rev. Neurol.*, n. 36, p. 13-9, supl. 1, 2003.

_____; HABIB M. Bases neurobiológicas de la conciencia fonológica: su compromiso en la dislexia. *Rev. Neurol. Clin.*, v. 2, n. 1, p. 5-23, 2001.

FACOETTI, A. et al. Auditory and visual automatic attention deficits in developmental dyslexia. *Brain Res. Cogn. Brain Res.*, USA, v. 16, n. 2, p. 185-91, 2003.

FIEZ, J. A.; PETERSEN, S. E. Neuroimaging studies of word reading. *Proc. Nat. Acad, Sci.*, USA, v. 95, n. 3, p. 914-21, 1998.

FRANCKS, C.; MacPHIE, I. L.; MONACO, A. P. The genetic basis of dyslexia. *Lancet Neurol.*, v. 1, n. 8, p. 483-90, 2002.

HINSHELWOOD, J. *Congenital word-blindness*. Londres: HK Lewis, 1917.

GALABURDA, A. M.; CESTNICK, L. Dislexia del desarrollo. *Rev. Neurol.*, v. 36, p. 3-9, supl. 1, 2003.

GARCIA, J. N. *Manual de dificuldades de aprendizagem*. Porto Alegre: Artes Médicas, 1998.

GESCHWIND, N.; GALABURDA, A. M. Cerebral lateralization: biological mechanisms, associations and pathology. *Arch. Neurol.*, n. 42, p. 428-59, 1995.

GILLON, G. T. The efficacy of phonological awareness intervention for children with spoken language impairment. *Lang. Speech Hear Serv. Schools.*, n. 31, p. 126-41, 2000.

GONÇALVES, V. M. G. Neurologia dos transtornos de aprendizagem. In: CIASCA, S. M. *Transtornos de aprendizagem*: proposta de avaliação interdisciplinar. São Paulo: Casa do Psicólogo; 2003.

GUIMARÃES, S. R. K. Dificuldades no desenvolvimento da lectoescrita: o papel das habilidades metalinguísticas. *Psicol. Teor. Pesq.*, v. 18, n. 3, p. 247-59, 2002.

HABIB, M. The neurological basis of developmental dyslexia: an overview and working hypothesis. *Brain*, v. 123, n. 12, p. 2373-99, 2000.

HAYES, E. A. et al. Neural plasticity following auditory training in children with learning problems. *Clin. Neurophysiol.*, v. 114, n. 4, p. 673-84, 2003.

HEIM, S.; EULITZ, C.; ELBERT T. Altered hemispheric asymmetry of auditory P100m in dyslexia. *Eur. J. Neurosci.*, v. 17, n. 8, p. 1715-22, 2003.

JIMÉNEZ, J. E.; HERNÁNDEZ, S.; CONFORTI, J. Existen patrones diferentes de asímetria cerebral entre subtipos a criança com dislexias? *Psicothema*, v. 18, n. 3, p. 507-13, 2006.

KANDEL, D. B. et al. Psychiatric disorders associated with substance use among children and adolescents: findings from the Methods for the Epidemiology of Child and Adolescent Mental Disorders (MECA) Study. *J. Abnorm. Child Psychol.*, v. 25, n. 2, p. 121-32, 1997.

KHAN, S. C.; FRISK, V.; TAYLOR, M. J. Neurophysiological measures of reading difficulty in very-low-birthweight children. *Psychophysiology*, v. 36, n. 1, p. 76-85, 1999.

LANDRY, S. H.; SMITH, K. E.; SWANK, P. R. Environmental effects on language development in normal and high-risk child population. *Semin. Pediatr. Neurol.*, v. 9, n. 3, p. 192-200, 2002.

LÓPEZ-ESCRIBANO, C. Contributions of neuroscience to the diagnosis and educational treatment of developmental dyslexia. *Rev. Neurol.*, v. 44, n. 3, p. 173-80, 2007.

LOZANO, A.; RAMIREZ, M.; OSTROSKY-SOLIS, F. The neurobiology of developmental dyslexia: a survey. *Rev. Neurol.*, v. 36, n. 11, p. 1077-82, 2003.

MANSUR, L. L.; SENAHA, M. L. H. Transtornos de linguagem oral e escrita e hemisfério esquerdo. In: _____; NITRINI, R.; CARAMELLI, P. *Neuropsicologia*: das bases anatômicas à reabilitação. São Paulo: Clínica Neurológica do Hospital das Clínicas, Faculdade de Medicina da Universidade de São Paulo, 1996.

MATHES, P. G.; DENTON, C. A. The prevention and identification of reading disability. *Semin. Pediatr. Neurol.*, v. 9, n. 3, p.185-91, 2002.

McCANDLISS, B. D.; NOBLE, K. G. The development of reading impairment: a cognitive neuroscience model. *Ment. Retard Dev. Disabil. Res. Rev.*, v. 9, n. 3, p. 196-204, 2003.

MEDOW, N.; OLITSKY, S. E.; DE RESPINIS, P. Learning disorders. *J. Pediatr. Ophthalmol. Strabismus*, v. 40, n. 2, p. 92-4, 2003.

MORAIS, A. G. *Representaciones infantiles sobre la ortografía del portugués*. Tese (Doutorado) — Facultad de Psicología, Universidad de Barcelona, Barcelona, 1995.

MORGAN, P. A case of congenital word blindness. *British Medical Journal*, Londres, n. 2, p. 1378, 1896.

MUSZKAT, M.; MELLO, C. B. *Neurodesenvolvimento e leitura. Neuropsicologia do desenvolvimento e suas interfaces*: transtornos e abordagens. São Paulo: Editorama, 2010. v. 2, p. 18-34. [Ilustração do livro.]

NOGUEIRA, S. et al. A criança com atraso na linguagem. *Saúde Infantil*, v. 22, n. 1, p. 5-16, 2000.

NUNES, T.; BUARQUE, L.; BRYANT, P. *Dificuldade na aprendizagem da leitura*: teoria e prática. São Paulo: Cortez, 1997.

ORTON, S. T. Special disability in spelling. *Bulletin of the Neurological Clinic*, n. 1, p. 159-192, 1931.

PAES, C. T. S; PESSOA, A. C. R. G. Habilidades fonológicas em crianças não alfabetizadas e alfabetizadas. *Rev. Cefac*, v. 7, n. 2, p. 149-57, 2005.

PALMINI, A. et al. Reversible and irreversible autistic regression related to epilepsy and epileptiform EEG discharges: physiopatogenic considerations and preliminary report of 5 cases. *J. Epilepsy Clin. Neurophysiol.*, v. 8, n. 4, p. 221-8, 2002.

PAULA, G. R.; MOTA, H. B.; KESKE-SOARES, M. A terapia em consciência fonológica no processo de alfabetização. *Pró-Fono*, v. 17, n. 2, p. 175-84, 2005.

PEDAGOGIA EM FOCO. Fortaleza, c1998-2004, Atualizado em 6 jan. 2003. In: MARTINS, V. *Dislexia e o projeto genoma humano*. Aproximadamente 3 telas. Disponível em: <http://www.pedagogiaemfoco.pro.br/spdlx05.htm>. Acesso em: dez. 2003.

PESTUM, M. S. V. Consciência fonológica no início da escolarização e o desempenho ulterior em leitura e escrita: estudo correlacional. *Estad. Psicol.*, v. 10, n. 3, p. 407-12, 2005.

PINHEIRO, A. M. V. Dificuldades específicas de leitura: a identificação de déficits cognitivos e a abordagem do processamento de informação. *Psicologia, Teoria e Pesquisa*, v. 11, n. 2, p. 107-15, 1995.

POLITY, E. Dificuldade de ensinagem: que história é essa? *Fonoaudiologia Atual*, n. 23, p. 60-8, 2003.

RAMUS, F. et al. Theories of developmental dyslexia: insights from a multiple case study of dyslexic adults. *Brain*, v. 126, pt 4, p. 841-65, 2003.

RAPIN, I.; DUNN, M. Update on language disorders of individuals on the autistic spectrum. *Brain Dev.*, v. 25, n. 3, p. 166-72, 2003.

RESCORLA, L.; MIRAK, J. Normal language acquisition. In: BODENSTEINER, J. B. (Ed.). *Seminars in pediatric neurology*. Philadelphia: W. B. Saunders, 1997. p. 275-92.

RIBEIRO, K. M. N.; ASSUMPÇÃO, F. B.; VALENTE, K. D. R. Síndrome de Landau-Kleffner e regressão autística. *Arq. Neuro-Psiquiatr.*, v. 60, n. 3-B, p. 835-9, 2002.

ROTTA. N. T.; PEDROSO, F. S. Transtornos da linguagem escrita: dislexia. In: _____. *Transtornos de aprendizagem*: aspectos neurobiológicos e multidisciplinares. Porto Alegre: Artmed, 2006. p. 151-64.

RUTKOWSKI, J. S.; GREWTHER, D. P.; GREWTHER, S. G. Change detection is impaired in children with dyslexia. *J. Vis.*, v. 3, n. 1, p. 95-105, 2003.

SALLES, J. F.; PARENTE, M. A.; MACHADO, S. S. As dislexias de desenvolvimento: aspectos neuropsicológicos e cognitivos. *Interações*, São Paulo: Universidade de São Marcos, 2003.

_____. As dislexias de desenvolvimento: aspectos neuropsicológicos e cognitivos. *Interações*, v. 9, n. 17, p. 109-32, 2004.

SANTOS, M. T. M. Terapia do processamento ortográfico. In: _____; NAVAS, A. L. G. P. (Ed.). *Distúrbios de leitura e escrita*: teoria e prática. Barueri: Manole, 2002. p. 329-349.

_____; NAVAS, A. L. G. P. Terapia da linguagem escrita. In: _____; NAVAS, A. L. G. P. (Ed.). *Distúrbios de leitura e escrita*: teoria e prática. Barueri: Manole, 2002. p. 191-223.

SCHIRMER, C. R.; FONTOURA, D. R.; NUNES, M. L. Transtornos da aquisição da linguagem e da aprendizagem. *J. Pediatr.*, v. 80, n. 2, p. 95-103, 2004.

SHAYWITZ, S. E. Dyslexia. *New Engl. J. Med.*, v. 338, n. 5, p. 307-12, 1998.

_____. *Entendendo a dislexia*: um novo e completo programa para todos os níveis de leitura. Porto Alegre: Artmed, 2006.

_____; SHAYWITZ, B. A. Dyslexia (specific reading disability). *Pediatr. Rev.*, v. 24, n. 5, p. 147-53, 2003.

_____; SHAYWITZ, B. A. Dyslexia (specific reading disability). *Biol. Psych.*, v. 57, n. 11, p. 1301-9, 2005.

_____; SHAYWITZ, B. A. (Ilustr.). Dyslexia (specific reading disability). In: BURG F. D. et al. *Current pediatric therapy*. 18. ed. Philadelphia: Suders Elsevier, 2006. p. 1244-47.

SHINNAR, S. et al. Language regression in childhood. *Pediatr. Neurol.*, v. 24, n. 3, p. 185-91, 2000.

SPREEN, O.; RISSER, A. H.; EDGEL, D. *Developmental neuropsychology.* Nova York: Oxford University Press, 1995.

ST.-SAUVER, J. L. et al. Boy/girl differences in risk for reading disability: potential clues? *Am. J. Epidemiology,* v. 154, n. 9, p. 787-94, 2001.

STEFANATOS, G. A.; KINSBOURNE, M.; WASSERSTEIN, J. Acquired epileptiform aphasia: a dimensional view of Landau-Kleffner syndrome and the relation to regressive autistic spectrum disorders. *Neuropsychol. Dev. Cogn. Sect. C. Child. Neuropsychol.,* v. 8, n. 3, p. 195-228, 2002.

TALLAL, P.; RICE, M. L. Evaluating new training programs for language impairment. *ASHA,* v. 39, n. 3, p. 12-3, verão 1997.

TEDESCO, M. R. M. Diagnóstico e terapia dos transtornos do aprendizado da leitura e escrita. In: OTALILIO, L. P. *Tratado de fonoaudiologia.* São Paulo: Roca, 1997.

TUCHMAN, R.; RAPIN, I. Epilepsy in autism. *Lancet Neurol.,* v. 1, n. 6, p. 352-8, 2002.

TUCHMAN, R. F. Tratamiento de los trastornos del aprendizaje. *Rev. Neurol. Clin.,* v. 27, n. 156, p. 285-9, 1998.

UNDHEIM, A. M. Dyslexia and psychosocial factors. a follow-up study of young Norwegian adults with a history of dyslexia in childhood. *Nord. J. Psychiatry,* v. 57, n. 3, p. 221-6, 2003.

VAN DER SCHOOT, M. et al. Fronto-central dysfunction in reading disability depend on subtype: guessers but not spellers. *Dev. Neuropsychol.,* v. 22, n. 3, p. 533-64, 2002.

VAN HOUT, A. Orientações neurológicas e neuropsicológicas: reeducação dos erros e dos transtornos cognitivos. In: _____; ESTIENNE, F. *Dislexias*: descrição, avaliação, explicação e tratamento. Porto Alegre: Artes Médicas, 2001.

WESTERVELD, M. et al. Temporal lobectomy in children: cognitive outcome. *Neurosurgery,* n. 92, p. 24-30, 2000.

WHELESS, J. W.; SIMOS, P. G.; BUTLER, I. J. Language dysfunction in epileptic conditions. *Semin. Pediatr. Neurol.*, v. 9, 3, p. 218-28, 2002.

WILSON, S. et al. Clinical characteristics of language regression in children. *Dev. Med. Child Neurol.*, v. 45, n. 8, p. 508-14, 2003.

ZORZI, J. L. *Aprender a escrever*: a apropriação do sistema ortográfico. Porto Alegre: Artmed, 1998.

_____. *Aprendizagem e transtornos da linguagem escrita*: questões clínicas e educacionais. Porto Alegre: Artmed, 2003.

LANÇAMENTOS

• O PROFESSOR E O ALUNO COM DEFICIÊNCIA
Maria Aparecida Leite Soares e Maria de Fátima Carvalho

Os textos que compõem cada parte do livro (e seus capítulos) recuperam e revisam reflexões elaboradas pelas autoras em artigos produzidos por cada uma, em diferentes momentos de atuação frente ao tema. Foram escritos com o intuito de compartilhar estudos, experiências e conhecimentos resultantes de formulações oficiais e pesquisas a fim de discutir o que se caracteriza como emblemático na relação educação-escola/aluno com deficiência, relação que atualmente se expressa no encontro da escola comum com esses alunos, no processo de implementação de uma educação definida oficialmente como especial sob uma perspectiva inclusiva.

• O PROFESSOR DIANTE DAS RELAÇÕES DE GÊNERO NA EDUCAÇÃO FÍSICA ESCOLAR
Luciano Nascimento Corsino e Daniela Auad

O livro possibilita acessar algumas maneiras como são educadas, no detalhe de suas corporeidades, meninas, meninos, homens e mulheres. Desta forma, ao longo de seus capítulos, este livro expressa a reflexão sobre esse processo educativo. A origem da temática Educação Física Escolar e Relações de Gênero será abordada, assim como serão comentados estudos e pesquisas que utilizam a categoria gênero para pensar a Educação Física. O ideal coeducativo, incluindo sua conceituação no Brasil e no exterior, assim como a necessária perspectiva da igualdade de gênero na Educação Física são aspectos analisados, com especial destaque para os conteúdos das aulas de Educação Física, a maneira como professores e professoras misturam e/ou separam alunas e alunos e, por conseguinte, as resistências e conflitos em meio às desigualdades desse cotidiano.

LANÇAMENTO

- **A ESCOLA E O FRACASSO ESCOLAR**
Regina C. Ellero Gualtieri e Rosário Genta Lugli

O que leva criança, jovem e escola ao fracasso escolar? A prática educacional é complexa e se encontra no cruzamento de aspectos muito diversos, que dizem respeito à dinâmica da instituição escolar. Esta inclui fatores individuais relativos aos educadores e às crianças, à configuração do grupo de professores e de alunos que interagem, à cultura escolar, ao currículo, aos conteúdos escolares, aos métodos de ensino, além de fatores culturais e sociais que afetam a vida na escola.
A proposta deste livro é tratar a questão do fracasso escolar como um problema multifacetado e historicamente persistente, para o qual a solução não será jamais elaborada de modo isolado nem se viabilizará, se não for alterado o modelo de organização escolar vigente.

O conjunto de títulos que o leitor encontra nesta Coleção reúne investigadores cujas pesquisas e publicações abrangem de forma variada os temas infância e adolescência e que trazem, portanto, experiência acadêmica relacionada a questões que tocam direta e indiretamente o cotidiano das instituições educacionais, escolares e não escolares.

O diálogo entre os campos da Educação e Saúde tornou-se necessário à medida que os desafios educacionais presentes têm exigido cada vez mais o recurso da abordagem interdisciplinar que está presente em todos os volumes desta Coleção.

COLEÇÃO **EDUCAÇÃO & SAÚDE**

- **O ALUNO-PROBLEMA**
Marcos Cezar de Freitas

- **O ALUNO GRAVEMENTE ENFERMO**
Amália Neide Covic e Fabiana Aparecida de Melo Oliveira

- **TRANSTORNO DO DÉFICIT DE ATENÇÃO E HIPERATIVIDADE**
Mauro Muszkat, Monica Carolina Miranda e Sueli Rizzutti

- **O PROFESSOR DIANTE DA VIOLÊNCIA SEXUAL**
Tatiana Savoia Landini

- **O PROFESSOR E O ALUNO COM DEFICIÊNCIA**
Maria Aparecida Leite Soares e Maria de Fátima Carvalho

- **A ESCOLA E O FRACASSO ESCOLAR**
Regina C. Ellero Gualtieri e Rosário Genta Lugli

- **O PROFESSOR DIANTE DAS RELAÇÕES DE GÊNERO NA EDUCAÇÃO FÍSICA ESCOLAR**
Luciano Nascimento Corsino e Daniela Auad

- **O PROFESSOR E A DISLEXIA**
Mauro Muszkat e Sueli Rizzuti

GRÁFICA PAYM
Tel. [11] 4392-3344
paym@graficapaym.com.br